História & Gênero

HISTÓRIA &... REFLEXÕES

Andréa Lisly Gonçalves

História & Gênero

1ª edição
1ª reimpressão

autêntica

Copyright © 2006 Andréa Lisly Gonçalves
Copyright © 2006 Autêntica Editora

Coordenadores da coleção
Eduardo França Paiva
Carla Maria Junho Anastasia

Projeto gráfico da capa
Jairo Alvarenga Fonseca
(Sobre Mary Cassatt. *Portrait of a Lady*, 1877, óleo sobre tela, National Gallery of Art, Washington)

Diagramação
Waldênia Alvarenga Santos Ataíde

Revisão
Vera Lúcia De Simoni Castro

Gonçalves, Andréa Lisly
G635h   História & gênero / Andréa Lisly Gonçalves . 1. ed.; 1. reimp.
— Belo Horizonte : Autêntica Editora , 2015.
160 p. — (História & ... reflexões, 9)
ISBN 978-85-7526-192-7
1.Mulher-história. I.Título. II.Série.

CDU 396(091)

Ficha catalográfica elaborada por Rinaldo de Moura Faria – CRB6-1006

 GRUPO **AUTÊNTICA**

Belo Horizonte
Rua Aimorés, 981, 8º andar . Funcionários
30140-071 . Belo Horizonte . MG
Tel.: (55 31) 3214 5700

Televendas: 0800 283 13 22
www.grupoautentica.com.br

São Paulo
Av. Paulista, 2.073, Conjunto Nacional,
Horsa I . 23º andar, Conj. 2301 . Cerqueira
César . 01311-940 . São Paulo . SP
Tel.: (55 11) 3034 4468

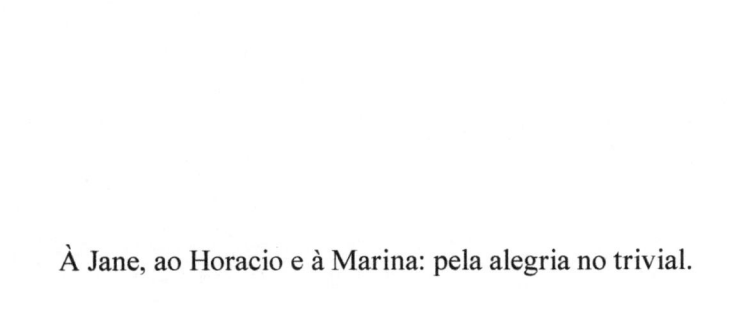

À Jane, ao Horacio e à Marina: pela alegria no trivial.

AGRADECIMENTOS

Aos amigos, "porque a vida é mutirão de todos, por todos remexida e temperada". (J.G.R).

Aos meus pais, aos meus irmãos e à Efigênia, pois "somente com a alegria é que a gente realiza bem" (J.G.R).

SUMÁRIO

Introdução... 11

Capítulo I
Militância feminista... 15

O feminismo na Rússia: uma polêmica literária?................ 20
Virgínia Woolf *versus Falcão Afável*................................. 23
A luta pelo sufrágio universal... 28
As transformações "invisíveis"... 34
Dragões da virtude e rainhas do lar................................... 37

Capítulo II
Anatomia e destino.. 45

As correntes historiográficas e as mulheres na História...... 51
A emergência dos estudos sobre as mulheres como sujeitos históricos e o movimento feminista..................... 61
A crise do movimento feminista e a história das mulheres........ 66
A categoria gênero.. 72
Algumas considerações sobre a historiografia sobre as mulheres no Brasil... 78

Capítulo III
História das mulheres: fontes, temas e abordagens........ 85

Biografias ou depoimentos biográficos como fonte e como produção historiográfica.. 90

Cartas e diários... 99
Códigos de conduta ou manuais de etiqueta................... 110
Tratados e discursos médicos... 116
Fontes oficiais... 123
    Fontes civis e eclesiásticas..................................... 124
    Testamentos.. 126
    Processos crime.. 129
    Censos... 130
Literatura de viagem... 133

Considerações finais... 139
Referências.. 143

INTRODUÇÃO

Quando comecei a me interessar pelo tema das alforrias, sobretudo em Minas Gerais, por fatores que diziam respeito à dinâmica da escravidão naquela região, as questões relacionadas à história das mulheres e ao gênero não constituíam o centro das minhas investigações. Aos poucos, como se tivesse "autonomia própria", o elemento gênero passou a ter importância em minha pesquisa, insinuando-se, primeiramente, nos dados quantitativos – logo eles, aparentemente "tão neutros" –, que confirmavam as conclusões dos estudos anteriores de que ao comportamento das práticas de alforria de forma alguma era indiferente a distinção por gênero. Das diversas fontes que utilizei, algumas davam conta de que ex-escravas não apenas participavam ativamente das atividades econômicas da região, como moviam causas judiciais nas quais reivindicavam direitos à preservação de sua própria liberdade ou a de terceiros, como filhos e outros parentes e lutavam pelo reconhecimento de prerrogativas conquistadas ainda no cativeiro. Isso sem falar no papel desempenhado pelos arranjos familiares, na maioria dos casos encabeçados por mulheres, na conquista da alforria e na dinâmica societária da capitania e da província de Minas Gerais. Tais constatações despertaram em mim a convicção da importância de se considerar a categoria gênero na compreensão dos processos históricos, desde os mais fragmentários até aqueles que se pretendessem abrangentes e me conduziram à elaboração deste trabalho.

Não preciso me estender sobre a afirmação de que se trata de um tema cuja amplitude é de tirar o fôlego. Afinal de contas, que sociedade humana não produziu de forma mais ou menos sistemática discursos e práticas, velados ou não, sobre as relações entre homens e mulheres?

Sob o fio condutor da categoria gênero, procurei realizar uma abordagem que ressaltasse a *natureza relacional* da construção das definições de feminino e masculino, apontando, sob o discurso muitas vezes legitimado por homens e mulheres de uma desigualdade inata, que as diferenças entre o feminino e o masculino, até por se alterarem historicamente, foram socialmente construídas. Ressaltar a importância da análise relacional não significa que não se tenha dado grande atenção à história das mulheres, campo que se desenvolveu de forma expressiva nas últimas décadas. Ao contrário, como se verá, mas sempre procurando abordá-la de forma não essencialista, ou seja, buscando superar a ideia de que existe uma condição feminina imutável.

No primeiro capítulo, procurei dar destaque à forma como a "questão da mulher" ganha força a partir do século XIX. Essa escolha permitiu que se abordassem alguns dos modelos contra os quais as mulheres lutavam, alguns forjados no próprio Oitocentos, outros existentes desde períodos imemoriais, mas consolidados em sistematizações ainda presentes nos dias atuais. Destaque especial foi dado à emergência do movimento feminino, com seus graus variáveis de organização, dependendo de cada região e contexto histórico. Em seguida, abordei o campo específico da história das mulheres, realçando os debates teóricos em torno das questões mais prementes, seus impasses e desafios. No último capítulo, busquei apresentar, valendo-me de exemplos relacionados à minha prática docente, alguns aspectos metodológicos (temas, cronologias, fontes, metodologias, interdisciplinaridade) tanto da história das mulheres quanto da história de gênero. A enunciação dos temas dos capítulos já revela que o que parece bem subdividido, ao ser colocado no papel, mostrará que tais fronteiras são esmaecidas e que não se pode falar de um assunto sem tocar em outro.

Por fim, não posso resistir a citar a passagem de uma leitura paralela que fiz enquanto preparava essas páginas, escolhida pela constatação de que seu enredo central gira em torno de questões de gênero. Refiro-me a *Grande Sertão: Veredas*, de Guimarães Rosa, onde se lê que "contar assim cerzidinho, somente sendo coisa de rasa importância". Relembro essas palavras apenas para confirmar que se a apresentação dos temas, em benefício da comunicação com os leitores, deve ser feita de forma minimamente articulada, isso não deve encobrir a convicção de que a abordagem da história e da historiografia das mulheres e de gênero resiste a qualquer tentativa de enquadramento em uma narrativa linear. Feita a "advertência", espero que a leitura seja, de alguma maneira, proveitosa.

CAPÍTULO I

Militância feminista

Nunca se falou tanto das mulheres como no século XIX.

Stéphane Michaud

Nos dias 19 e 20 de julho de 1848 realizou-se em Seneca Falls, Nova Iorque, a *1ª Convenção para o Direito das Mulheres*. A convenção entrou para a História como o marco inicial do feminismo no Ocidente. O que pouco se sabe, porém, é que aquele encontro foi o desfecho de acontecimentos ocorridos algum tempo antes, mais precisamente em 1840. Nesse ano, as delegadas que participavam da *Convenção Mundial contra a Escravidão*, realizada em Londres, não sem um fundo de ironia para o observador atual, foram impedidas de participar das discussões sobre a abolição do trabalho cativo no Novo Mundo e obrigadas a assistir às seções como meras espectadoras. Não faltaram representantes do sexo masculino, é bem verdade que poucos, que se solidarizaram com as integrantes da delegação feminina e foram juntar-se a elas nas galerias para onde se retiraram, agora na condição de meras observadoras, em protesto contra a discriminação ali cometida.

Duas das mais ativas participantes da *Convenção Mundial contra a Escravidão*, de 1840, as americanas Elizabeth Cady Stanton e Lucretia Mott, decidiram responder ao insulto "profundo e gratuito", organizando, ainda que com um intervalo de quase uma década, a célebre Convenção de Seneca Falls. Dessa forma, o movimento feminista, com destaque para o norte-americano, nasceu sob o impulso da luta contra a escravidão de africanos e seus descendentes. Talvez mais por seu valor simbólico – pois, como veremos, é praticamente impossível situar um marco preciso para o início do movimento feminista, mesmo que organizado – a Convenção passou à história como o "primeiro esforço organizado para libertar as mulheres de sua dependência e reformular os ideais predominantes de domesticidade" (GAY, 1988, p. 143).

A *Convenção de Seneca Falls*, apesar de ter desencadeado razoável oposição antifeminista, não se caracterizou pela aprovação de resoluções de caráter radical. A pauta dos trabalhos era bastante extensa: a discussão ampla sobre as condições sociais, civis e religiosas das mulheres. Dela resultou uma "Declaração de sentimentos e resoluções", baseada no modelo de Declaração da Independência dos Estados Unidos.

Ao final dos trabalhos, o direito de voto assumiu posição secundária, sendo aprovado por uma pequena margem de votos, o que evidencia o caráter moderado do evento. O saldo, no entanto, teria sido positivo, a ponto de um de seus estudiosos afirmar, não sem certo exagero, que a "despeito de toda a sua circunspeção, essa convenção assistiu ao nascimento do movimento feminista organizado, e foi a primeira agitação feminista a ser levada a sério"[1]. Talvez tenha colaborado para sua posterior repercussão o fato de Elizabeth Cady ter se tornado presidente da *Associação Nacional pelo Sufrágio Feminino* nos Estados Unidos e de ter estabelecido contato com os vários movimentos de mulheres na Europa.

---

[1] GAY, Peter. *A experiência burguesa*: da rainha Vitória a Freud. A educação dos sentidos. São Paulo: Companhia das Letras, 1988. p. 143.

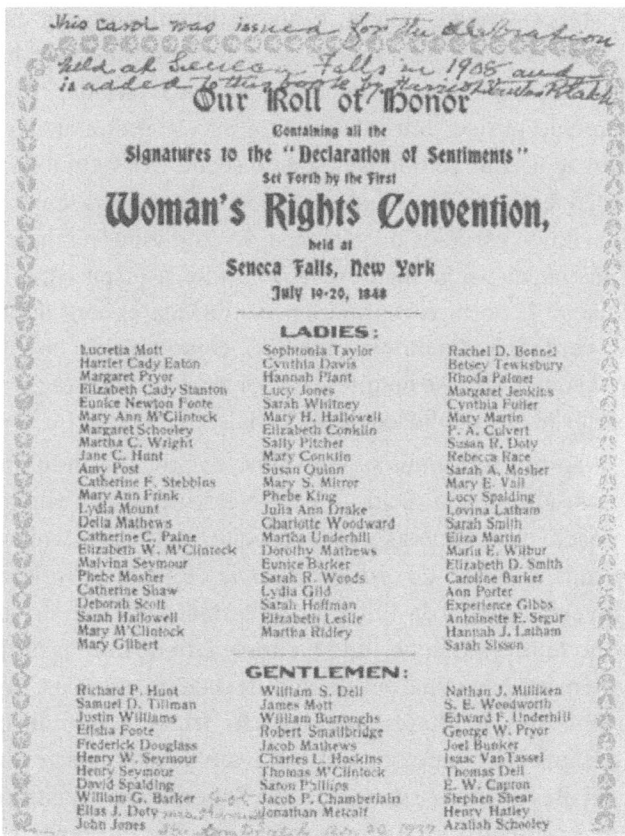

Lista de assinaturas da *Declaração de sentimentos e resoluções* elaborada durante a *Convenção para o Direito das Mulheres*, realizada em Seneca Falls, Nova Iorque, entre 19 e 20 de julho de 1848. Note-se que 32 dos 100 signatários eram delegados do sexo masculino. (Fonte: <http://www.loc.gov/exhibits/treasures/trr040.html>)

Talvez por rivalizar com episódios mais vistosos, e posteriormente consagrados, como a publicação do Manifesto Comunista de 1848, síntese dos diversos "espectros" que rondavam a Europa naquele momento, a *Convenção* não tenha merecido a devida atenção dos historiadores que não os dedicados à história dos movimentos das mulheres.

Mais provável, porém, é que a dificuldade real esteja realmente em datar um *movimento* que se manifesta em lugares e mediante formas e iniciativas as mais variadas. E que, exatamente por ser um movimento, não se reduz apenas às mobilizações que se intensificam no século XIX em torno da "questão feminina", mas que corresponde ao processo crescente e com ritmos variados da participação da mulher no mercado de trabalho, da paulatina presença feminina no espaço público, na atuação de porta-vozes que, a partir de lugares considerados como verdadeiros redutos femininos, como no caso da literatura, como se verá, se manifestam por meio da palavra escrita, da oratória, das publicações em jornais.

Não que a militância feminina, coletiva ou individual, estivesse ausente no século XVIII. Nesse sentido, e ainda em que pesem as polêmicas a esse respeito, as várias revoluções ocorridas na crise do *Antigo Regime* (Estado Absolutista) em diversas partes da Europa colocaram na ordem do dia a questão feminina. Sobretudo na França, onde muitas mulheres, além de participarem de manifestações públicas, como as *tricoteuses*, mulheres que assistiam tricotando (mais uma vez das galerias, impedidas que estavam de tomar parte direta nos debates políticos) às sessões da Assembleia Constituinte durante a Revolução Francesa, procuravam influenciar nos acontecimentos pela prática da escrita.

O caso mais influente de mulher escritora, nesse período, foi o da inglesa Mary Wollstonecraft (1759-1797), que em 1792 publicou seu *Reivindicação dos direitos da mulher*, trabalho que dará inspiração a muitas gerações de feministas. A obra foi publicada no Brasil pela primeira vez em 1833, na tradução de Nísia Floresta, educadora, escritora e feminista republicana e abolicionista, nascida no Rio Grande do Norte, em 1810. Nísia Floresta irá transpor fronteiras, tanto a de seu sexo num país monárquico e escravocrata quanto espaciais, tendo sua figura sido admirada na Europa, onde morou, por personalidades do mundo intelectual como Augusto Comte, filósofo fundador da doutrina positivista.

Mary Wollstonecraft publicou na Europa, no ano de 1792, o livro *Reivindicação dos direitos da mulher*, obra traduzida no Brasil por Nísia Floresta em 1833. (Fonte:<http://www.msmagazine.com/fall2004/liberatingmarywollstonecraft.asp>)

Nísia Floresta terminou os seus dias em Rouen, na França, acompanhando o evolver das conquistas feministas não apenas naquele país, mas em toda a Europa. Ela certamente pode constatar que os desdobramentos dos movimentos influenciados pelas ideias iluministas, a princípio, não resultaram na emancipação da mulher, entendida como contestação da desigualdade dos sexos. Por outro lado, também não deve ter passado despercebido à autora que as revoluções, ao instaurarem uma esfera pública de poder separada do privado, reservaram o exercício desse poder aos homens, destinando o espaço privado às mulheres. Uma separação que não se fez sem desafios, sendo remodelada pela ação de homens e mulheres feministas. E tão importante quanto a inclusão das mulheres no direito civil, com a instauração do casamento civil e do direito ao divórcio, bem como do direito à herança, representavam conquistas inquestionáveis, apesar de terem sua contrapartida na submissão da esposa ao marido e de não terem significado, imediatamente, o acesso ao direito de voto.

O feminismo na Rússia: uma polêmica literária?

A militância feminista mais ativa não se restringiu à Europa central ou aos Estados Unidos. Na Rússia, por exemplo, as disputas envolveram, com um ardor característico, escritores e intelectuais das mais diferentes correntes.

Em meados do século XIX, quando a "questão feminina" era debatida, sobretudo em São Petersburgo e em Moscou, com base em uma perspectiva filantrópica, ganhavam destaque as discussões em torno da prostituição feminina. O contexto, pelo menos no meio intelectual russo, era tão sensível à discussão do tema que a mera divulgação da gravura "Cristo e a adúltera", do pintor Emil Signol, "inspirada nas palavras de São João: 'Aquele que estiver isento do pecado, que atire a primeira pedra'", suscitou a manifestação de diversos

Cristo e a adúltera, do pintor Emile Signol, inspirada nas palavras de São João. (Fonte:<http://www.insecula.com/salle/ MS00380.html>)

escritores, inspirando poemas e romances sobre "questão feminina na Rússia" não apenas sob a polêmica da prostituição.

Um episódio rumoroso, ocorrido em 1861, mostra como o assunto encontrava terreno propício entre os círculos literários russos, alcançando repercussão mais ampla graças à sua divulgação, um tanto sensacionalista, nos jornais da época.

Na primavera daquele ano, a imprensa noticiava que, na cidade provinciana de Perm, a esposa de um funcionário local declamara, em uma festividade pública, o poema "Noites Egípcias" de Puchkin, considerado licencioso. Diante da manifestação indignada de um oficial presente ao evento, a mulher, Sra. Tolmatchova, teria defendido aos brados e publicamente o autor do poema e de forma ainda mais enfática os direitos das mulheres. Entre a cobertura jornalística do evento prevaleceu a posição dos que argumentavam que as manifestações da Sra. Tolmatchova, além de licenciosas, apenas contribuíram para ofuscar a campanha pela emancipação das mulheres. Mas certamente um elemento que contribuiu para dar notoriedade ao evento foi o envolvimento do escritor Dostoievski nas disputas que se seguiram, declarando não apenas o direito de que o poema fosse lido em público por uma mulher – ainda que lamentasse a falta de senso de oportunidade da Sra. Tolmatchova ao se expor da forma como fizera a um público ainda não preparado para aceitar aquele tipo de comportamento –, mas também sua irrestrita adesão a favor dos direitos da mulher:

> Toda a questão da emancipação se reduz ao 'amor cristão pelo gênero humano, à educação da pessoa em nome do amor recíproco – do amor que a mulher também tem o direito de exigir para si. Essa relação entre os sexos, que só é possível com a adequada evolução da sociedade, será conseguida de forma natural no devido tempo. Enquanto isso, nada há de errado em debater a questão publicamente – muito

ao contrário, é imperativo que se faça – mesmo que isso dê origem a "teorias errôneas"[2].

O escritor não tinha dúvidas de que a sociedade russa avançava célere no sentido de acabar com o preconceito. E o otimismo de Dostoievski talvez não fosse de todo infundado. Uma evidência, relacionada à história da recepção das ideias, de que a questão feminina na Rússia assumia cada vez proporções maiores foram a divulgação e a acolhida dos escritos de Stuart Mill, pelo menos entre os grupos mais ativos dos militantes políticos, do movimento das mulheres e da intelectualidade de grandes cidades daquele país. Considerada "a obra-chave da história do feminismo", *A sujeição das mulheres*, de Mill[3], publicada na íntegra na Inglaterra, em 1869, já vinha sendo editada na forma de artigos, desde o início da década de 60 do século XIX, pelo Jornal o *Contemporâneo* de São Petersburgo.

As ideias do autor de *Os irmãos Karamazov* acerca da "questão feminina" certamente foram reforçadas pelo relacionamento próximo que manteve com uma das mais destacadas escritoras feministas da Rússia à época, Apolinária Suslova. Colaboradora do Jornal *O Tempo*, Suslova registrou em seu diário pessoal, ao qual retornaremos, ainda que de forma breve, no terceiro capítulo desse trabalho, além de suas opiniões sobre as relações entre os sexos, vários detalhes de seu tumultuado relacionamento com o autor.

Mas as conquistas feministas na Rússia não se restringiram a polêmicas literárias. Muitas jovens se beneficiaram da abertura das universidades às mulheres, promovida pelos

---

[2] As manifestações do célebre autor russo estão reproduzidas em FRANK, Joseph Frank. *Dostoievski*: os efeitos da libertação (1860 a 1865). São Paulo: Edusp, 2002, p. 150-51.

[3] É amplamente aceito que o livro de Mill teria sido influenciado por Harriet Taylor, sua futura esposa, uma defensora tenaz dos direitos da mulher.

czares, muito antes de que tal se efetivasse nos países da Europa central. Isso explica por que as primeiras enfermeiras especializadas na França fossem russas. Na verdade, judias russas fugidas das perseguições étnicas, os progroms, que naquela região ganharam intensidade a partir de 1881, numa clara evidência de como fatores que não apenas a "condição feminina" interferiam no rumo da história das mulheres[4].

Apolinária Suslova, escritora, jornalista e feminista russa dos anos 1860.
Crédito: Dominique Arban *et al.*, Dostoiévski, Paris, 1971. Apud. Joseph Frank. *Dostoievski: os efeitos da libertação* (1860 a 1865). São Paulo: Edusp, 2002, p. 355.

Virgínia Woolf *versus Falcão Afável*

Mas retornemos à manifestação das vozes feministas através da literatura. Nesse ponto é importante destacar que essa atuação apresentava um potencial de transformação que não deve nem de longe ser subestimado. Prova disso é o fato de que algumas dessas reflexões repercutem até os dias

---
[4] PERROT, Michelle. *Mulheres públicas*. São Paulo: UNESP, 1998, p. 109.

de hoje nos debates sobre a história das mulheres. Como observa Michelle Perrot: "Uma mulher, na intimidade de seu quarto, pode escrever um livro ou um artigo de jornal que a introduzirão no espaço público. É por isso que a escritura, suscetível de uma prática domiciliar (assim como a pintura), é uma das primeiras conquistas femininas, e também uma das que provocaram mais forte resistência"[5].

Certamente os escritos de Virgínia Woolf (1882-1941), produzidos já nas primeiras décadas do século XX, encontram-se entre os principais exemplos do poder alcançado pela militância feminina através da escrita. Em 1929, a autora inglesa publicará uma das suas principais contribuições à abordagem da questão da história das mulheres: *A room of one's own* (*Um teto todo seu*). Nessa coleção de ensaios, originária de duas conferências feitas para estabelecimentos de ensino femininos em Cambridge, Virgínia Woolf, na esteira da aprovação do voto feminino nos Estados Unidos e na Inglaterra, expressa sua opinião sobre a inadequação da história existente a qual considerava estranha, irreal, desequilibrada, carente e incompleta. Para suprir essa deficiência, a autora sugeria, não sem uma deliberada ingenuidade, que se acrescentasse "um

A escritora Virgínia Woolf, uma das mais importantes figuras da literatura inglesa, autora de *Orlando (1928)*. (Fonte: <http://etext.library.adelaide.edu.au/w/woolf/virginia/>)

---
[5] PERROT, Michelle. *Mulheres públicas*. São Paulo: UNESP, 1998, p. 10.

suplemento à história... Chamando-o, é claro, por algum nome discreto, de forma que as mulheres pudessem ali aparecer sem impropriedade"[6].

Para algumas escritoras atuais, Joan Scott entre elas, essas palavras antecipavam as formulações teóricas do campo da história das mulheres. Elas manifestavam que o conhecimento histórico que se pretendia Universal não passava de uma história parcial, exatamente por dela estarem excluídas as mulheres:

> A invocação de Woolf de um suplemento parece apresentar um compromisso, mas não o é. O delicado sarcasmo de seus comentários sobre um "nome discreto" e a necessidade de propriedade sugere um projeto complicado... que evoca implicações contraditórias. As mulheres estão ao mesmo tempo adicionadas à história e provocam sua reescrita; elas proporcionam algo extra e são necessárias à complementação, são supérfluas e indispensáveis.[7]

Menos conhecido é o fato de que a principal fonte de inspiração para a realização do trabalho ocorrera nove anos antes, quando então Virgínia Woolf travou acirrada polêmica nas páginas da revista *New Statesman*[8].

No outono de 1920, Arnold Bennett (1867-1931), renomado romancista inglês de reputação literária duvidosa, publicou uma coleção de ensaios sob o título *Our women: chapters on the sexdisvord*. Pouco depois, em 2 de outubro do mesmo ano, o livro seria assunto de uma resenha, estampada na revista

---

[6] WOOLF, Virgínia. *Um teto todo seu*. Rio de Janeiro: Nova Fronteira, 1985.

[7] SCOTT, Joan. História das mulheres. In: BURKE, Peter (Org.). *A escrita da História*: novas perspectivas. São Paulo: Unesp, 1992, p.75-6.

[8] "A afirmação de Bennet de que as mulheres eram intelectualmente inferiores aos homens levou Virgínia Woolf a pensar melhor sobre o assunto que ela explorou em *Um teto todo seu*...". WOOLF, Virgínia. O status intelectual da mulher. Rio de Janeiro: Paz e Terra, 1997, p. 19.

New Statesman, da autoria do crítico Desmond MacCarthy. Se o pseudônimo de *Falcão Afável*, escolhido por MacCarthy, ainda deixava margem a alguma ambiguidade sobre suas posições em relação aos temas abordados por Bennet, as ideias expressas em sua resenha não deixavam dúvidas sobre a sua disposição em mostrar as garras.

Depois de informar que o livro de Arnold Bennett, um "feminista convicto", tinha como tema a "influência dos fatores econômicos sobre as características femininas e sobre as relações entre homens e mulheres", e de opinar que, de forma alguma, se tratava de uma obra brilhante, o resenhista se refere à relutância de Bennett em admitir algo consabido: que as mulheres são inferiores aos homens em capacidade intelectual" sobretudo no que dizia respeito à criatividade. E conclui, demonstrando o que ele denominava de coragem, afirmando que: "Embora seja verdade que uma pequena porcentagem das mulheres seja tão inteligente quanto os homens inteligentes, o intelecto é uma especialidade masculina. [...] A capacidade intelectual média das mulheres também parece significativamente menor"[9].

Apenas uma semana depois, a redação da revista publica uma carta enviada por Virgínia Woolf juntamente com a réplica do *Falcão Afável*. A escritora, optando por considerar historicamente a questão da suposta inapetência feminina para o exercício intelectual, argumenta que: "Como então, o *Falcão Afável* explica o fato que me parece evidente, e eu pensaria que a qualquer outro observador imparcial, de que o século dezessete produziu mais mulheres notáveis que no século dezesseis, o dezoito mais que o dezessete, e o dezenove mais que os três anteriores juntos?" E conclui ressaltando que os efeitos da educação e da liberdade foram decisivos

---

[9] WOOLF, Virgínia. O status intelectual da mulher. Rio de Janeiro: Paz e Terra, 1997, p.22.

para esse avanço. A forma com finaliza essa primeira correspondência endereçada à gentil ave de rapina é por demais saborosa para ser omitida. Virgínia Woolf desafia o crítico a enumerar, conforme havia prometido, os mais de cinquenta poetas cujos versos eram superiores ao da poetisa Safo (que teria escrito seus versos por volta de 610 a.c.) a quem Virginia tanto admirava: "E se ele publicar seus nomes, eu prometo, como ato de submissão que é tão caro ao meu sexo, não apenas comprar todas as suas obras, mas, tanto quanto minhas capacidades permitam, aprendê-las de cor..."[10].

Incansável, o *Falcão Afável* responde que os homens demonstraram, ao contrário das mulheres, capacidade de, ao longo da História, superar as condições adversas que impediam o desenvolvimento do intelecto, e que as mulheres só se comparavam ao homens no campo intelectual na produção ficcional (certamente se rendendo aos méritos de sua interlocutora) e conclui afirmando que: "... algumas mulheres – uma pequena porcentagem – [são] tão inteligentes, tão boas artistas, tão boas correlacionadoras de fatos, mas simplesmente... elas parecem não se igualar aos homens que são os melhores em tudo"[11].

A resposta de Virgínia Woolf não tardou, e a 16 de outubro de 1920 era publicada na *New Stateman*. Em síntese, a autora encerra o debate argumentando que as tarefas reprodutivas, os cuidados com a família haviam tomado muito tempo e força às mulheres. E que, para superar as condições da desvantagem em relação aos homens, principalmente como sujeitos atuantes no espaço público, não era apenas necessário, ou melhor, suficiente, o acesso das mulheres à educação

---

[10] WOOLF, Virgínia. O status intelectual da mulher. Rio de Janeiro: Paz e Terra, 1997, p. 28.

[11] WOOLF, Virgínia. O status intelectual da mulher. Rio de Janeiro: Paz e Terra, 1997, p. 31.

formal, mas, principalmente, assegurar-lhes liberdade para experimentar e para serem diferentes dos homens: "Sem medo, e que expressem estas diferenças livremente (pois não concordo com o Falcão Afável que homens e mulheres sejam semelhantes)"[12].

O debate travado nas páginas da *New Stateman*, sob o pretexto da publicação do livro de Arnold Bennett, demonstra bem que se consolidara uma tendência iniciada no século XIX, qual seja, a da entrada das mulheres na esfera pública do jornalismo. Mas havia muito ainda a ser feito como advertira a própria Virginia Woolf já nas décadas iniciais do século XX, referindo-se à imprensa: "Pois um homem ainda tem mais facilidades que as mulheres para tornar seus pontos de vista conhecidos e respeitados" (WOOLF, 1997, p. 36).

A luta pelo sufrágio universal

Entre os inúmeros fatores que irão distinguir a militância feminista do século XIX do "verdadeiro feminismo", "feminismo sistemático", "novo feminismo" (não há consenso entre as participantes do movimento ou entre seus teóricos sobre a melhor designação a ser adotada) da segunda metade do século XX, destaca-se a luta pela cidadania que se consubstanciou nas manifestações pela conquista do sufrágio universal dentro do núcleo mais ativo do movimento das mulheres no Oitocentos:

> Assim nasceu, em todo o Ocidente, o feminismo, cujo objetivo é a igualdade dos sexos e cuja prática a de um movimento coletivo, social e político. Encontram-se gestos ou escritos feministas anteriores

---
[12] WOOLF, Virginia. O status intelectual da mulher. Rio de Janeiro: Paz e Terra, 1997, p. 36.

a este século, mas o feminismo que se entrevê na prática revolucionária de 1789 surge depois de 1830.[13]

De forma desigual de país para país, no entanto, até mesmo avançado o século XIX, os direitos conquistados pelas mulheres ainda não estavam consolidados como se depreende das manifestações de Anita Augspurg, jurista radical do movimento das mulheres alemãs:

> A questão das mulheres é em grande parte uma questão econômica, mas pode acontecer que seja ainda mais uma questão cultural [...] mas antes de mais ela é uma questão de direito, porque é apenas na base dos direitos escritos [...] que podemos pretender encontrar-lhe uma solução que seja segura.[14]

Assim se reconhece que os direitos aos quais se reivindicam ultrapassam o exercício da soberania coletiva expressa no direito ao voto, estendendo-se ao direito à instrução, ao trabalho, à proteção da lei.

O que não significa afirmar que a longa história do direito ao sufrágio feminino não tenha sido uma das mais instigantes e representativas batalhas, até do ponto de vista simbólico, pela afirmação dos direitos das mulheres. Apenas a história da discriminação e dominação a que estiveram submetidas ao longo da História não explica, suficientemente, as razões pelas quais as mulheres se viram excluídas do direito de voto. Não podemos nos esquecer de que o termo sufrágio universal, desde sua conquista pelo "povo" na luta contra os privilégios da nobreza, foi empregado de forma abusiva. Isso porque, originalmente, com suas raízes liberais, ainda

---

[13] FRAISSE, Geneviève; PERROT, Michelle. Introdução: ordens e liberdades. In: DUBY, Georgs; PERROT, Michelle (organizadores). *História das mulheres no Ocidente*. Porto: Afrontamento, 1991, p. 10-11.

[14] Citado por Anne-Marie Käppeli. Cenas feministas. In: DUBY, Georges e PERRT, Michelle. *História das mulheres no Ocidente*. Porto: Afrontamento, 1991, p. 556.

não democráticas, seu exercício esteve restrito aos setores de proprietários, não se estendendo às camadas populares.

Com o passar do tempo, percebeu-se que aquelas lideranças que se mostravam dispostas a lutar pela extensão do direito de voto não o faziam a ponto de incluir nela as mulheres. O que se justificaria por motivos táticos, uma vez que se acreditava que o voto das mulheres seria essencialmente conservador. Já às lideranças de direita (o termo começava a se firmar fruto que era da disposição física dos deputados na Assembleia Francesa: os girondinos à direita do plenário e os jacobinos ocupando as cadeiras na parte esquerda do edifício onde se reuniam para elaboração da Constituição que colocaria fim ao regime absolutista) não interessava a ampliação do direito de voto em nenhuma direção. Suas convicções acerca da inferioridade das mulheres impediam que se seduzissem pela ideia de que o voto feminino ajudaria a engrossar as fileiras conservadoras. Assim, as mulheres, talvez mais nesse assunto que em outros, poderiam contar apenas com sua organização e disposição para a luta.

A explicação para essa inclinação conservadora feminina teria raízes históricas geradas pelas próprias revoluções, quando os homens que delas participaram não reconheciam às mulheres que lutaram lado a lado com eles (ainda que desempenhando papéis diferentes) a condição de cidadãs plenas. Ao serem, pelo menos em princípio, excluídas da atenção do Estado, do que é um exemplo o fato de que, quando a abertura de escolas se tornou obrigatória por lei, só o eram aquelas destinadas aos meninos[15], abriu-se a oportunidade de que a Igreja "reconquistasse os espíritos" através daquelas que eram responsáveis pela educação das crianças: "No vazio

---

[15] "quando, em 1833, Guizot obriga as vilas de mais de cinco mil habitantes a abrirem uma escola, tal medida abrange apenas os meninos". *Mulheres públicas*. São Paulo: UNESP, 1998, p. 111.

deixado pelo desinteresse do Estado... a Igreja tomava posição, esperando, através das mulheres, reconquistar os espíritos"[16]. Conquista parcial, presume-se, uma vez que a Igreja também não irá defender o direito ao voto, certamente duvidando de que o rebanho feminino talvez não fosse tão cativo assim.

A cumplicidade entre padres e mulheres, acreditavam muitos, consolidava-se pela da confissão. E esse era um argumento a mais para lhes interditar a participação política. Não é à toa que na França o partido radical, controlado pela maçonaria, tenha sido um dos mais renhidos opositores do voto feminino.

Em outras regiões da Europa, principalmente em países católicos como Portugal, o tema parecia ainda bastante sensível em finais do século XIX, a ponto de ser abordado na literatura ficcional. Em *A correspondência de Fradique Mendes*, a personagem título argumenta com um amigo sobre a inviabilidade de um tempo onde cada homem comum adquirisse capacidades intelectuais elevadas:

> E, quando esse Milênio detestável chegar, e cada tipoia de praça for governada por um Mallebranche, terá você ainda de ajuntar a esta perfeita humanidade masculina uma nova humanidade feminina, fisiologicamente diferente da que hoje embeleza a Terra. Porque, enquanto houver uma mulher constituída física, intelectual e moralmente como a que Jeová, com uma tão grande inspiração de artista, fez da costela de Adão, haverá sempre ao lado dela, para uso da sua fraqueza, um altar, uma imagem e um padre.[17]

Somava-se a isso tudo o fato de que o espiritismo, religião que se difundiu ao longo do século XIX, contava, em sua maioria, com médiuns mulheres, para que "se esboçasse

---

[16] PERROT, Michelle. *Mulheres públicas*. São Paulo: UNESP, 1998, p. 111.

[17] QUEIROS, Eça de. *A correspondência de Fradique Mendes*. Porto Alegre: L&PM, 2001, p. 126.

uma divisão, cheia de perigos, entre a cidade terrestre, gerida pelos homens, e a cidade espiritual, nas mãos das mulheres"[18].

Tão prejudiciais quanto a oposição dos partidos e militantes progressistas parecem ter sido as divisões internas nas fileiras do próprio feminismo. Se a bandeira do sufrágio universal mobilizou os chamados "táticos políticos", que a viam como o instrumento que abriria a porta para todas as outras reformas, os socialistas defendiam que apenas a superação do capitalismo levaria à conquista definitiva dos direitos das mulheres. Havia, ainda, uma corrente mais moderada e mais pragmática que defendia a luta por mudanças isoladas, sobretudo no campo educacional, reivindicando o direito de ingresso das mulheres no ensino superior – as faculdades de Medicina e Direito foram alguns dos últimos redutos de resistência contra a entrada de mulheres.

A cronologia da adoção do sufrágio feminino demonstra que essas preocupações certamente estavam presentes na decisão da maioria dos legisladores e certamente concorreram para adiar a adoção do voto feminino em muitos países. Nos Estados Unidos a decisão variou de Estado para Estado, sendo o primeiro a adotar o voto feminino o Estado do Colorado, em 1896, e o último, o de Washington, em 1910. Na Nova Zelândia e na Austrália do Sul, as mulheres já compareciam às urnas em 1893 e 1894, respectivamente, muito antes da Inglaterra, portanto, onde só foi conquistado em 1928. No Brasil, o voto feminino foi consagrado na Constituição de 1934. Um ano depois, era a vez de as mulheres indianas terem reconhecido o seu direito de eleger e de serem eleitas para os cargos públicos. Em 1946, certamente em razão da conjuntura imediata do pós-Guerra, o voto feminino foi adotado na Argentina, na Bélgica, na Itália, no México e na Romênia, dois anos apenas depois de ser adotado na França.

---

[18] PERROT, Michelle. *Mulheres públicas*. São Paulo: UNESP, 1998, p. 111.

Nos Estados Unidos, a data em que as mulheres conquistaram o direito de voto variou de Estado para Estado.
No Colorado, o sufrágio feminino se estabeleceu em 1896.
Já em Washington as mulheres só puderam votar a partir de 1910.
(Fonte:<http://encarta.msn.com/media_461531215/Woman_Suffrage_in_the_United_States.html>)

Ainda que não se possa desconhecer que as mulheres, em boa parte dos casos, participassem das eleições locais, podendo, igualmente, concorrer como candidatas nos distritos, não deixa de chamar a atenção o fato de que o voto feminino só tenha sido adotado de forma irrestrita na Suíça, no ano de 1971. Um processo tão gradual que talvez só possa ser compreendido pelo que há de "irrevogável" na condição biológica do sexo: "A exclusão das mulheres é particularmente severa, pois, ligada ao sexo, ela não pode ser modificada, como a idade, a nacionalidade ou o nível de riqueza"[19].

As transformações "invisíveis"

Das manifestações feministas do século XIX tem-se, como desdobramento, a reatualização do *medo* que as mulheres inspiraram ao longo da História ao sexo oposto. Se até então ele fora difuso, o "medo ancestral do *Segundo Sexo*" pelo "terror de sua fisiologia cíclica, lunática", nas palavras de Marilena Chauí[20], e que permanece no século XVIII, no Oitocentos esse medo se expressa na perplexidade diante do avanço da mulher no espaço público. Esse sentimento tornar-se-ia, no "século burguês", tema central de muitos romances e de um incontável número de tratados médicos, além de atrair a atenção de jornalistas, juristas, políticos e pintores. Tanta perplexidade talvez se devesse às inúmeras questões que o abandono da esfera considerada própria ao feminino levantava, sendo sem dúvida a principal delas as relativas ao papel masculino, "um papel que não se definia mais isoladamente", se é que isso alguma vez tenha sido possível, "mas numa constrangedora confrontação com o sexo oposto"[21].

Mas nem todas as modificações ocorridas na história das mulheres no decorrer do Oitocentos tiveram a mesma visi-

---

[19] PERROT, Michelle. *Mulheres públicas*. São Paulo: UNESP, 1998, p.120.

[20] CHAUÍ, Marilena. Sobre o medo. In: CARDOSO, Sérgio... et al. *Os sentidos da Paixão*. São Paulo: Companhia das Letras, 1987, p. 38.

[21] GAY, Peter. *A experiência burguesa*: da rainha Vitória a Freud. A educação dos sentidos. São Paulo: Companhia das Letras, 1988, p. 128.

bilidade e efervescência verificadas na militância feminista, fato muitas vezes obscurecido por ser o século XIX conhecido como o "século do feminismo". Mudanças num ritmo mais lento, "menos vibrantes", afeitas ao cotidiano e, portanto, menos espetaculares do que os movimentos coletivos de mulheres, com seus congressos e manifestos, mas que nem por isso deixaram de afetar o rumo da História, fizeram-se sentir, como produto do processo de industrialização que exigia cada vez mais quadros administrativos e uma esfera de comercialização nos quais as mulheres pareciam imprescindíveis: "Não foi o feminismo que guiou as mocinhas como um rebanho aos escalões mais baixos dos serviços de escritório e de vendas, onde tanto o pagamento quanto o prestígio eram baixos; foram a racionalidade e a complexidade da moderna economia capitalista"[22].

Nos séculos precedentes, muitas mulheres estiveram à frente da administração de modestas lojas familiares, assim como concorreram para o gerenciamento de pequenas empresas artesanais. Com a nova organização da economia, o trabalho feminino foi sendo incorporado às "modernas profissões", mas, regra geral, aos escalões inferiores.

Além de se ocuparem do trabalho fabril, com destaque para a indústria têxtil, muitas mulheres saíram de casa para exercer ofícios em escritórios, empregando-se como datilógrafas, contínuas, secretárias. Um conjunto de ocupações que se constituíam como prolongamento de muitas das atividades que as mulheres desempenhavam no lar. Todas as profissões deveriam ser exercidas com a autorização dos maridos, como previsto no Código Civil, criando uma curiosa distinção entre as mulheres celibatárias, um pouco mais autônomas e aquelas que haviam contraído casamento.

---

[22] GAY, Peter. *A experiência burguesa*: da rainha Vitória a Freud. A educação dos sentidos. São Paulo: Companhia das Letras, 1988, p. 135.

As ocupações eram divididas, grosso modo, de acordo com a origem social dessas jovens: as que provinham das famílias aristocráticas empobrecidas, e portanto sem dote para assegurarem um bom casamento, certamente em razão da educação formal recebida eram empregadas como governantas; as que ocupavam os postos mais baixos na administração ou no comércio em geral descendiam de pais artesãos premidos pelas exigências da "vida moderna" ou se originavam no êxodo rural que mobilizou mais mulheres do que homens na Europa durante o século XIX.

Não faltaram as costureiras, nas confecções coletivas ou no domicílio, as *grisettes* imortalizadas na *A comédia humana* de Honoré de Balzac. Profissão feminina por excelência, nos primórdios da massificação do ensino "quer pertencessem à classe operária ou à burguesia, as mulheres chegaram a engrossar as fileiras dos professores, sobretudo na escola primária" uma vez que "dar aulas era naturalmente uma escolha quase predeterminada. Com a expansão estonteante das escolas primárias e secundárias por toda parte, especialmente a partir da década de 1860, a necessidade de professores se tornou insaciável, e as mulheres estavam... disponíveis"[23].

Até mesmo nas profissões de prestígio, como o exercício da Medicina, as mulheres, depois de uma longa luta para o ingresso nessa carreira, limitavam-se às áreas de ginecologia e pediatria (essa última extensão de suas atividades como mães), sendo só mais tarde admitidas como cirurgiãs.

Para muitos estudiosos do período, a absorção de mulheres no mercado de trabalho na nascente sociedade capitalista, porém, não teria significado a ascensão econômica dessas trabalhadoras, mesmo se comparado a períodos precedentes. Ao contrário, acredita-se que, de maneira geral, a posição

---

[23] GAY, Peter. *A experiência burguesa*: da rainha Vitória a Freud. A educação dos sentidos. São Paulo: Companhia das Letras, 1988, p. 135. Ainda assim, o ensino secundário para as mulheres só se generalizou na Europa entre 1880 e 1920.

econômica das mulheres tenha declinado no final do século XVII e no século XVIII, quando até então apresentariam maiores possibilidades de independência e sucesso do que as mulheres das sociedades capitalistas[24]. A se crer nesse argumento, a afirmação da figura da "dona de casa" não fizera sem custos de monta.

Se na unidade rural a família era uma empresa e as divisões sexuais do trabalho eram mais fluídas, havendo os casos em que homens desempenhavam tarefas especificamente domésticas, como limpeza, preparo da alimentação, uma realidade corriqueira nas unidades domésticas em que as mulheres se dedicavam à fiação e à tecelagem e que, não por acaso, o homem é registrado como o chefe de domicílio, nos lares urbanos o trabalho fabril masculino restringiu, como se verá, o espaço do trabalho feminino às atividades domésticas. Assim, diferentemente da "caseira" da área rural a "senhora de casa" tem seu papel centrado, no desempenho, praticamente exclusivo, das tarefas domésticas.

Seja como for, o resultado de toda essa movimentação nem sempre coincidiu com as orientações do movimento feminista organizado. Ao contrário. Foram inúmeros os retrocessos ou as tendências contrárias à emancipação da mulher, muitas vezes urdidas no cotidiano, com as características próprias que marcam o Oitocentos no mundo ocidental.

Dragões da virtude *e rainhas do lar*

Em contraposição à tendência da ocupação do espaço público por um número crescente de mulheres, o século XIX teria estimulado, como em nenhuma época passada,

---

[24] SAMARA, Eni de Mesquita. O discurso e a construção da identidade de gênero na América Latina. In: SAMARA, Eni de Mesquita; SOIHET, Rachel; MATOS, Maria Izilda S de. *Gênero em debate*: trajetória e perspectiva na historiografia contemporânea. São Paulo: Educ, 1997, p. 37.

a criação de uma série de mecanismo de controle sobre as sensações e os sentimentos. Um sintoma dessa disposição de enquadramento, sobretudo das mulheres, é dado pela profusão de tratados, códigos de comportamento e de etiqueta escritos e divulgados no período. Se a criação de normas e sua disposição de aplicá-las se estendem pelos mais diferentes países, de França a Portugal e de Portugal ao Brasil, será na Inglaterra que as prescrições assumirão caráter abrangente, a ponto de o século ser reconhecido como a "Era Vitoriana".

De forma muitas vezes reducionista, o longo reinado da rainha Vitória, que se estendeu de 1837 a 1901, passou à História como um período de marcado conservadorismo. Considerada a "rainha burguesa", sua figura simbolizou uma época em que se consolidaram o poder da burguesia e uma ética puritana típica das "classes médias" do Oitocentos.

Símbolo da "ética puritana", a rainha Vitória reinará entre 1837 e 1901.
(Fonte:<http://www.answers.com/topic/queen-victoria>)

A prosperidade econômica, sobretudo a partir da década de 1830, com a extensão do processo de industrialização, possibilitou que muitas mulheres das classes remediadas prescindissem do trabalho fora de casa e se voltassem inteiramente para as atividades domésticas. Depoimentos como o da médica Harriet Hunt demonstram como as conquistas das mulheres, alcançadas a duras penas, não eram irreversíveis. Em meados do século, ela se recordava, não sem nostalgia, que em 1800 "a mulher não era estigmatizada por demonstrar interesse pela economia nacional, e não só pela economia doméstica"[25].

Fatores demográficos também contribuem para explicar esse "retorno ao lar" ou, quando nem sequer as mulheres haviam saído, o reforço da esfera doméstica. Diferentemente do que se observara na França, as baixas taxas de mortalidade e a manutenção de uma natalidade alta na Inglaterra refrearam a demanda por mão de obra feminina no mercado de trabalho britânico, seja nas fábricas, seja no setor de serviços. A mão de obra masculina disponível era abundante, não apenas em razão da expulsão dos camponeses da terra, resultado da "revolução agrícola", como também dos contingentes de trabalhadores provenientes da Irlanda. Assim, "com a ajuda do vitorianismo, o modelo do anjo do lar pode implantar-se com facilidade"[26]. Mas em que consistia, propriamente, o "modelo vitoriano"?

No século XIX forja-se a ideia de privacidade, fruto do individualismo burguês, e, como decorrência, revaloriza-se o espaço privado, ao mesmo tempo lugar do exercício do "dever", mas também do "prazer". É nesse espaço que se opera a afirmação da família tipicamente burguesa, com suas noções de intimidade. Nesse contexto, a rainha Vitória, agindo de acordo com seu tempo, imprime ao seu reinado uma marca de austeridade que o diferencia radicalmente da sociedade de corte – com suas sociabilidades típicas do *Antigo Regime*,

---

[25] GAY, Peter. *A experiência burguesa*: da rainha Vitória a Freud. A educação dos sentidos. São Paulo: Companhia das Letras, 1988, p. 128.

[26] PERROT, Michelle. *Mulheres públicas*. São Paulo: Unesp, 1998, p. 100.

marcadas pela representação de comédias, bailes e festas – e assume o papel praticamente inquestionável de símbolo do triunfo do espaço doméstico, obviamente com significados diferentes para a vivência diária de homens e mulheres do período, com desdobramentos que não se restringem à Inglaterra.

A "época vitoriana" foi um período de valorização da família, quando se consolidam as regras de intimidade, momento de invenção do "*self* ["eu"], do indivíduo egoísta refratário a um mundo gregário e coletivista"[27], típico da fase de ascensão da burguesia. Os confrontos entre as participantes dos movimentos coletivos de mulheres e os defensores da "nova ordem" serão inevitáveis. Mais sutis, mas nem por isso menos decisivos, serão os confrontos entre os modelos que se constituíam acerca do feminino e o dia a dia das mulheres de carne e osso, com efeitos diferenciados, dependendo da classe social. Sistema-

A moral vitoriana consagrou, principalmente entre os estratos mais favorecidos da população, o espaço privado do lar. Pedro Américo *Retrato de mulher*, 1885.
(Fonte: *O Brasil do século XIX na Coleção Fadel*. Rio de Janeiro: Edições Fadel, 2004, p.169, p.173.)

---

[27] MALERBA, Jurandir. Algumas histórias da vida privada de determinadas classes sociais em certas regiões do Brasil. Tempo, Rio de Janeiro, n. 6, p. 224.

tizado em um sem número de manuais e códigos, o mínimo que se esperava do comportamento das mulheres era que elas se constituíssem em verdadeiros "dragões da virtude"[28].

Mesmo quando no desempenho de tarefas corriqueiras, muitas vezes as mulheres são alvos de representações idealizadas. Bernhard Wiegandt. *Lavadeiras*, Belém, c. 1878. (Fonte: *O Brasil do século XIX na Coleção Fadel*. Rio de Janeiro: Edições Fadel, 2004, p. 192.)

Tais modelos, construídos sobre oposições hierarquizadas em relação ao masculino, reforçavam uma tendência milenar, na qual, no lugar de se representar a mulher com base em suas condições concretas de existência, ela era apresentada valendo-se de modelos construídos pela imaginação masculina. Assim se dera na Idade Média, quando uma imagem feminina idealizada pelo homem era elevada à condição de objeto de desejo cantado pela poesia trovadoresca (amor cortês), situação essa que não se alterou substancialmente com a introdução do amor romântico no século XIX. Também na

---

[28] ROQUETE, José Inácio. *Código do bom-tom*: ou Regras de civilidade e de bem viver no século XIX. São Paulo: Companhia das Letras, 1997. Organização de Lilia Moritz Schwarcz, p. 307.

pintura, essa tendência se manifestava por meio de temas que realçavam mulheres compassivas, cumprindo seus destinos de penélopes, tecendo, bordando, fiando.

Mesmo quando construídos sobre supostas particularidades, definidas a partir da região da qual provinham as mulheres, a "variedade" de modelos deixava escapar noções bastante previsíveis do que se esperava do comportamento feminino:

> 'Cada raça... desenvolveu sua concepção particular da mulher' [escreveu o cientista C. de Varigny, em 1899]. Para os franceses, 'ela representa o ideal'; para os espanhóis, 'ela ainda é uma Nossa Senhora numa igreja'; para os italianos, 'uma flor no jardim'; para os turcos, 'um utensílio de felicidade'; para os ingleses, 'a mãe de seus filhos e a gerente da casa.[29]

Na "época vitoriana", tais representações vão afetar certa simplicidade, principalmente com o estabelecimento do que mais tarde será considerado um verdadeiro "culto à domesticidade", a "idade de ouro da domesticidade". O ídolo nessa nova (ainda que com ares de antiga) ordem será a dona de casa, cujo papel era entendido, em 1850, como essencial à conservação das famílias e à perpetuação das sociedades, tarefa tão respeitável quanto a que os homens desempenhavam como provedores do lar[30]. A partir de então, o lar e a família passam a ser representados em termos naturais, e a maternidade, suprema realização feminina, passa a figurar como uma necessidade.

---

[29] GAY, Peter. *A experiência burguesa*: da rainha Vitória a Freud. A educação dos sentidos. São Paulo: Companhia das Letras, 1988, p. 138-139.

[30] A tese é defendida por Glenna Matthews em seu livro "Just a housewife" de 1987. Citado em SAMARA, Eni de Mesquita (Org.). *As ideias e os números do gênero*: Argentina, Brasil e Chile no século XIX. São Paulo: Hucitec/Cedhal/Vitae, 1997, p. 27.

Mas, se essa especialização nas tarefas domésticas vinha na contracorrente do que pregavam setores expressivos do movimento feminista do século XIX, ela não deixou de investir as mulheres de novos poderes. Entre essas tarefas/poderes encontrava-se a administração, no caso das mulheres dos operários, do salário dos maridos, não sem muitas vezes verificar-se a existência de conflitos abertos entre o casal. Na origem das disputas estava a divisão entre o montante do pagamento a ser retido para a manutenção da casa e dos filhos e a parte que seria consumida em bebida, no bar mais próximo ao trabalho. Assim, nos meios operários, como registrou Michelle Perrot, nos dias do recebimento do salário, as ruas dos bairros populares se transformavam em "campos de batalhas", nos quais a ausência de feridos graves era uma surpresa, dada a natureza ruidosa e buliçosa dessas contendas[31].

Também as mulheres de classe média exercerão o que será denominado mais tarde o "matriarcado orçamentário", administrando, muitas vezes com criatividade e engenho, o orçamento doméstico. O controle das despesas familiares pela dona de casa, menos comum na Grã-Bretanha do que na França, e que será prática comum também no Brasil nas primeiras décadas do século XX, levará à conclusão de que as mulheres apresentarão uma tendência nata para o consumo, assistindo-se, mais uma vez, à naturalização de um comportamento feminino construído historicamente.

Mais importante que tudo isso, no entanto, é destacar que o desempenho de tarefas domésticas está longe de se constituir um trabalho improdutivo. Diversamente do que se pensa, trata-se de uma atividade produtiva não remunerada. A garantia de sua realização, juntamente com o trabalho feminino e infantil nas fábricas com sua baixíssima remuneração,

---

[31] PERROT, Michelle. *Os excluídos da História*: operários, mulheres e prisioneiros. Rio de Janeiro: Paz e Terra, 1988, p. 191.

por serem considerados como complementares aos salários recebidos pelos homens adultos, propiciou a acumulação e a reprodução ampliada do capital, num momento em que a industrialização ainda não apresentava os avanços técnicos que se verificarão mais tarde.

O trabalho doméstico, considerado improdutivo (na verdade trabalho produtivo não remunerado) foi essencial ao processo de acumulação capitalista. Abigail de Andrade. *Estendendo a roupa*, 1888.
(Fonte: *O Brasil do século XIX na Coleção Fadel*.
Rio de Janeiro: Edições Fadel, 2004, p.169.)

Tão decisivo como essa constatação, é reconhecer, conforme se insistiu até aqui, que as mudanças ocorridas na história das mulheres ao longo do século XIX não se limitaram a uma evolução linear, em que direitos foram paulatina e inexoravelmente conquistados. E, mais ainda, que muitas mulheres souberam resistir às tendências contrárias à sua emancipação, resistindo mesmo que a trincheira se limitasse ao acanhado espaço do lar.

CAPÍTULO II

Anatomia e destino

> *Nas minhas várias viagens encontrei apenas dois tipos de pessoas, e ambas muito semelhantes; quero dizer, homens e mulheres.*
> Lady Mary Wortley Montagu (1689-1762).

"Anatomia é destino". O aforismo provocativo, pronunciado por Freud em 1912, contribuiu para reforçar a fama que o psicanalista gozava de nutrir inflexíveis preconceitos antifeministas. Certamente, comentários como o de que "a mulher analista... se sai melhor desempenhando a tarefa a que foi destinada pela biologia – a da mãe"[1], valeram-lhe a franca oposição das mulheres proeminentes que frequentavam o *círculo de Viena*, com destaque para Lou Andréas-Salomé e a própria Anne Freud. Oposição atenuada, apenas, pelo fato de que, por ser líder de um movimento que incorporou as mulheres, a psicanálise, talvez de forma não deliberada, "passou a ser participante, em vida, da vasta campanha pelos direitos das mulheres"[2].

Suas manifestações acerca da mulher, de acordo com um de seus mais influentes biógrafos, nada mais seriam do

---

[1] PERROT, Michelle. *Os excluídos da História*: operários, mulheres e prisioneiros. Rio de Janeiro: Paz e Terra, 1988, p. 457.

[2] Idem, p. 461.

que persistências de concepções prevalecentes no século XIX e "faziam parte de compromissos culturais mais amplos, compondo seu estilo vitoriano"[3] e tomadas de forma isolada pareciam sintetizar, na passagem do século XIX para o XX, todo um conjunto de concepções que, ao longo de séculos, particularmente no Ocidente, considerou as diferenças sexuais como o fator determinante na constituição da identidade do feminino e do masculino.

Uma tradição que, sem dúvida, remonta a Michelet (1798-1874), escritor liberal e professor do Colégio de França, onde ministrou cursos sobre a educação das mulheres, por volta de 1850. Os trabalhos daquele que é considerado o historiador francês por excelência do século XIX representou um rompimento com as formas então correntes do fazer historiográfico, ao reconhecer as *massas* como único agente de transformação histórica, superando uma historiografia marcada pela sucessão de heróis, de acontecimentos notáveis, o que realiza de forma original em sua obra *A Revolução Francesa*.

Juntamente com as massas como sujeito histórico, Michelet destaca o papel que as relações entre homens e mulheres desempenharam ao longo da História, o que lhe valeu o reconhecimento de autor que se preocupou em escrever uma obra intensamente sexuada. Michelet ressalta o papel da relação dos sexos como motor da História e condiciona a estabilidade das sociedades ao equilíbrio assumido por essa relação. Mas não se trata de uma relação entre iguais. Ao contrário. Ao associar as mulheres à natureza – "natureza dual, que oscila entre os seus dois polos, materno e selvagem"[4] – e

---

[3] Idem, ibidem. "Ainda em 1938, ele podia escrever a Stefan Zweig com um inequívoco acento oitocentista: 'A análise é como uma mulher que quer ser conquistada, mas sabe que será tida em baixa conta se não oferecer resistência'". Idem, ibidem.

[4] DUBY, Georges; PERROT, Michelle (Orgs.). Escrever a história das mulheres. *História das mulheres no Ocidente*. Lisboa: Afrontamento, 1991, p. 12.

o homem à civilização, à cultura, o autor sintetiza a principal interpretação dominante à época e que possuía longa tradição na história ocidental.

Para o escritor francês Jules Michelet ser mulher
era carregar o "fardo pesado de uma fatalidade".
(Fonte:<http://www.histoire-image.org/site/oeuvre/analyse.php?liste_analyse=78>)

Que tais características implicavam uma hierarquia de valores confirmam-no outra obra sua, de título sugestivo e talvez por isso muito popular à época, *O amor*, de 1858. Nela Jules Michelet continuava a retratar a mulher como um ser ferido que perambulava pela vida: 'A mulher carrega o fardo de uma pesada fatalidade'. Ela mostra suas feridas durante a menstruação, e as confirma nas dores do parto. 'A natureza favorece o macho'. Os periódicos eflúvios sanguíneos da mulher davam motivos suficientes para exclamar: 'Como a natureza é severa para com a mulher'"[5].

---

[5] GAY, Peter. *A experiência burguesa*: da rainha Vitória a Freud. A educação dos sentidos. São Paulo: Companhia das Letras, 1988, p. 130.

A identificação da bipolaridade homem/civilização e mulher/natureza não era, nem de longe, uma formulação original do autor de *A Revolução Francesa*. Aliás, ela foi recorrente, ainda que com diferentes acepções, desde a Antiguidade. Assim, Platão e Aristóteles não hesitaram em estabelecer a desigualdade da mulher como "um fato da natureza que deveria obedecer a um fim qualquer" e justificavam a inferioridade feminina com a mesma desenvoltura com que se referiam à sujeição do escravo.

A questão aparece com força em Spinoza, no século XVII, filósofo que insistiu em sublinhar, em sua obra, a irracionalidade da mulher. O tema só irá ganhar certa inflexão ao longo do século XVIII, sobretudo em suas décadas finais, com os filósofos iluministas se esforçando em não abordar, abertamente, a questão dos sexos. Atitude que se explica pela importância assumida, na *Ilustração*, pelo conceito de 'igualdade' e pelo racionalismo. Tais reticências, porém, não impedem que as mulheres sejam associadas à natureza (e à desrazão) também entre os revolucionários franceses, o que legitima a sua não incorporação ao espaço público da política.

Apesar dessa longa tradição histórica, a acentuação do caráter bipolar masculino/feminino ganhava, com as características assumidas pelo "século burguês" (século XIX), um vigor renovado. Como resultado do reforço, ainda que contraditório, como se viu no capítulo anterior, do espaço doméstico, a casa e a família passaram a ser representadas em termos naturais (femininos, portanto), enquanto a esfera pública se constituía como instância histórica. Tratava-se de um traço vitoriano "do qual emerge o dualismo público/privado, reafirmando o privado como espaço da mulher, ao destacar a maternidade como necessidade e o espaço privado como lócus da realização das potencialidades femininas"[6].

---

[6] MATOS, Maria Izilda S. de. *Por uma história da Mulher*. Bauru/São Paulo: Edusc, 2000, p.20.

Em síntese, seu reconhecimento do papel da mulher no processo histórico não significou que Michelet tenha rompido com determinados modelos associados ao feminino e ao masculino, característicos dos períodos precedentes. Suas conclusões acabam sendo o desdobramento das divisões e associações, já assinaladas, que se estabeleceu entre os sexos, vale repetir, identificando o homem à civilização e a mulher à natureza. Quando restrita a seu papel tradicional de dona de casa e mãe, limitando sua atuação, portanto, ao espaço doméstico, ela revelaria a face benfazeja da bipolaridade intrínseca à "natureza feminina". Do contrário, revelar-se-ia seu outro lado "mágico, vermelho como o sangue, negro como o diabo, maléfico"[7].

O autor francês chamava a História em seu auxílio, quando o objetivo era demonstrar os desastres resultantes da emergência das mulheres no mundo público, fosse ocupando efetivamente os postos de poder, fosse influenciando os homens no seu exercício. A reprodução por Michelet de estereótipos imemoriais, de preconceitos duradouros, não impede que se reconheça a sua capacidade de demonstrar que a história das mulheres – e não apenas daquelas mais proeminentes, uma vez que reconhece a importância da participação, ainda que passiva das mulheres do povo em acontecimentos como os que marcaram a Revolução Francesa – está longe de ser linear, alternando momentos em que ela se projeta no cenário público (sempre desastrosos, na avaliação do autor) com aqueles em que elas se restringem ao espaço privado:

> O curso dos acontecimentos coletivos depende, como a felicidade e a paz dos lares, desse equilíbrio dos sexos. Demonstra-o em diferentes fases da história da França, e mais particularmente durante a Revolução. Dominado pela lei paterna e pela autoridade

---

[7] PERROT, Michelle. *Os excluídos da história:* operários, mulheres, prisioneiros. Rio de Janeiro: Paz e Terra, 1988, p. 173.

real, o século XIV lhe parece uma era de progressos decisivos, pela exclusão das mulheres. No século XV, o obscurantismo do direito, a mistura dos sexos acarretam a desordem dos espíritos – a loucura de Carlos VI – e do reino. Figura masculina por excelência, Francisco I recompõe a situação; mas à sua morte, com Catarina, inicia-se um longo período de inversão dos papéis e aberrações sexuais. Assim, a mulher 'desfigura a história por cem anos'. A feminilização da Monarquia, no final do século XVIII, também é a marca da decadência.[8]

A interpretação de que a figura de Maria Antonieta, responsável pela "feminilização da Monarquia francesa" e por isso mesmo, pela derrocada do Antigo Regime na França, era um legado herdado dos próprios revolucionários de 1789 que Michellet só fez consolidar. Aliás, uma das razões, decerto não decisivas, de as mulheres não serem incorporadas imediatamente como cidadãs, ou não serem muito benquistas no movimento da Revolução Francesa, encontra-se no que ficou conhecido como "síndrome de Maria Antonieta", o que queria dizer o mesmo que os revolucionários desconfiavam das mulheres[9].

Rose Bertin, costureira de Maria Antonieta, famosa por sua suposta ingerência nos assuntos da Corte de Luís XVI. (Fonte:<http://www.batguano.com/Vigeeartpages.html>)

---

[8] PERROT, Miclhelle. *Mulheres públicas. Op. Cit.*, p. 173-174.

[9] SCHAMA, Simon. *Cidadãos: uma crônica da Revolução Francesa.* São Paulo: Companhia das Letras, 1989, p. 189.

Mas, diferentemente das expectativas, Maria Antonieta encarnava de forma desabrida o modelo da feminilidade, o que seria, em uma sociedade de Antigo Regime, permissível a uma amante, não a uma rainha. Mais criticável, ainda, seria a forma como ela se deixava influenciar por outras mulheres, com destaque para Rose Bertin, sua costureira e que teria se tornado (exageros à parte) "uma das mulheres mais influentes da França", capaz de incentivar Maria Antonieta, num contexto de uma sociedade de Corte onde se conhece o peso dos *formalismos*, "a abandonar a rigidez (física e figurada) da vestimenta formal da corte em prol de simples vestidos soltos de cambraia, algodão e musselina", limitando a "indumentária formal – completa com crinolinas, vestidos *panier* e penteados elaborados –... às reuniões de domingo na corte"[10].

A interpretação de que a vaidade das mulheres era um fator de dissolução, interferindo de forma categórica nos rumos da História, prosseguiu angariando adeptos e ainda era visão corrente já avançado o século XIX, como dá mostras uma observação do Cônego Inácio Roquete, sobre o qual falaremos, de forma mais detida, no próximo capítulo: "O refinamento no luxo e vaidade das mulheres é um sinal infalível da decadência dos costumes, e quase sempre de grandes desastres na ordem social"[11].

As correntes historiográficas e as mulheres na História

Desafio particular a tais definições representou, apenas decorridos dez anos da morte de Freud, a publicação do estudo decisivo de Simone de Beauvoir, *O segundo sexo*, cuja

---

[10] Idem, ibidem.

[11] ROQUETE, José Inácio. *Código do bom-tom*: ou Regras de civilidade e de bem viver no século XIX. São Paulo: Companhia das Letras, 1997, p. 389. Organização de Lilia Moritz Schwarcz.

afirmação de que "ninguém nasce mulher: torna-se mulher"[12], estabelece um claro antagonismo com os legados "fatalistas", fossem os contemporâneos à autora, fossem os de períodos mais remotos. Assim, muito tempo se passou até que as desigualdades entre homens e mulheres fossem sendo repostas não com a ênfase em fatores biológicos, supostamente naturais, mas como relações sociais hierarquizadas e, como tal, construídas historicamente.

Não é meu propósito aqui fazer uma reconstituição exaustiva das correntes historiográficas modernas. Importa-nos apenas identificar em que medida tais correntes, predominantes em determinados períodos, relacionaram-se à constituição do campo da história das mulheres e como elas contribuíram, em maior ou menor medida, para a superação de noções baseadas na desigualdade naturalizada entre os sexos.

O positivismo merece ser citado apenas pela importância que assume como corrente historiográfica no século XIX, com sua visão da História como um processo contínuo, retilíneo, linear, causal, inteligível apenas por um modo racional, pois, no que diz respeito às mulheres, opera uma dupla exclusão: de um lado, porque essa vertente associa exclusivamente o político ao público, elegendo, portanto, os homens como únicos protagonistas; de outro, porque veda às mulheres o acesso à profissão de historiador[13].

---

[12] "Ninguém nasce mulher: torna-se mulher. Nenhum destino biológico, psíquico, econômico define a forma que a fêmea humana assume no seio da sociedade; é o conjunto da civilização que elabora esse produto intermediário entre o macho castrado que qualificam de feminino. Somente a mediação de outrem pode constituir um indivíduo como um Outro". BEAUVOIR, Simone de. *O segundo sexo*, Rio de Janeiro: Nova Fronteira, 1980, v. 2, p. 9.

[13] "Quando, no final do século XIX, a história positivista se constitui como disciplina universitária apaixonada pelo rigor ela exclui duplamente as mulheres: da sua área, visto que se consagra à vida pública e política; da sua escrita, visto que esta profissão é vedada às mulheres". DUBY, Georges; PERROT, Michelle (Orgs.). Escrever a história das mulheres. *História das mulheres no Ocidente*. Lisboa: Afrontamento, 1991, p. 13.

Também no século XIX, e apontando para mudanças nas interpretações tradicionais – ainda que não se possa falar exatamente em rupturas que levassem à superação das noções correntes sobre as mulheres –, constitui-se um campo designado como *Antropologia Histórica,* que, ao redescobrir a "família como célula fundamental e evolutiva das sociedades", colocou "em primeiro plano as estruturas de parentesco e da sexualidade e, consequentemente, o feminino"[14], com destaque para o livro de Lewis Henry Morgan *A sociedade antiga,* de 1877.

Voltemos, outra vez, a Michelet. Mais de um historiador reconheceu a dívida que a história dos *Annales* tem para com o autor de *A Revolução Francesa.* E não apenas por ele ter se distanciado do caminho, tão caro aos positivistas, de que interessavam à História apenas os grandes feitos e a sagração dos heróis, a reconstituição das biografias dos grandes homens ou a crônica de acontecimentos notáveis, mas também, e como decorrência desse "desvio", pela proposição de uma noção de tempo histórico, diretamente relacionada ao seu procedimento de definição das massas como sujeito histórico, conforme assinalado, com ritmos específicos à atuação dos setores populares.

Apesar de não terem dado grande destaque às mulheres em seus trabalhos historiográficos, tanto os precursores dos *Annales,* March Bloch e Lucian Febrve, nos anos 1930, quanto seus seguidores, ao direcionarem seus interesses para a história de seres concretos e para a teia de suas relações cotidianas, livrando-se de idealidades abstratas, instauraram a possibilidade de que as mulheres fossem incorporadas à historiografia.

Decisivo nesse sentido, ainda que, insista-se, as mulheres não aparecessem como sujeitos privilegiados, foi a introdução por Fernand Braudel, seguindo a trilha inaugurada por Marc

---

[14] DUBY, Georges; PERROT, Michelle (Orgs.). Escrever a história das mulheres. *História das mulheres no Ocidente.* Lisboa: Afrontamento, 1991, p. 13.

Bloch, da trama do cotidiano numa perspectiva histórica. As implicações que tal iniciativa trouxeram para a redefinição do tempo na História foram assim elucidadas por Norberto Guarinelo:

> Uma das raras tentativas de se abordar o cotidiano do ponto de vista da História é a de F. Braudel... Não tanto aquele, mais conhecido, dos três tempos da história: o longo da geografia, o médio das estruturas econômicas e o curto dos acontecimentos; mas o Braudel historiador das 'estruturas do cotidiano": a demografia, os alimentos essenciais, o luxo, a técnica, as unidades sociais. Tempos longos, estruturais, menos extensos que as determinações geográficas, porém mais estáveis que o universo das trocas. Tempos quase naturais dentro da economia das existências humanas. A visão de Braudel reforça a ligação entre cotidiano e tempo histórico...[15].

As discussões sobre a definição dos marcos cronológicos, das durações (duas questões distintas, como se verá) vão ocupar, algumas décadas depois, espaço proeminente nas discussões travadas entre os historiadores que se voltaram para a história das mulheres. No momento, é importante apenas fixarmo-nos nas possibilidades que a valorização do tempo do cotidiano – curto e longo por ser, simultaneamente, o tempo que preenche o espaço de um único dia, mas no qual, por serem as mudanças, em princípio, mais lentas, compreendem "estruturas mais persistentes", condicionadas pelo hábito, repetitivas até – representa para o conhecimento da história das mulheres. Quando relacionada ao espaço, fazendo desaparecer as distinções estanques entre tempo e espaço, demonstrando a interdependência das duas instâncias, definidas essencialmente como o âmbito do privado ou doméstico.

---

[15] GUARINELO, Luiz Norberto. História científica, história contemporânea e história cotidiana. *Revista Brasileira de História*, São Paulo, n. 48, p. 24, 2005.

Em síntese, não há como negar a contribuição da corrente historiográfica dos *Annales* para a história das mulheres, com seu "alargamento progressivo do campo histórico às práticas quotidianas, aos comportamentos vulgares, às 'mentalidades' comuns" mesmo que "as relações entre os sexos não [tenham sido] a preocupação prioritária de uma corrente interessada sobretudo nas conjunturas econômicas e nas categorias sociais", mas que, no entanto, lhe deu atenção favorável"[16], acabando por criar condições intelectuais propícias à incorporação da mulher como sujeito histórico.

Nenhuma fatalidade inscrita no conjunto da teoria marxista poderia ser responsabilizada por certa indiferença de seus intérpretes, sobretudo na década de 1970, em relação ao tema das mulheres na História. Afinal, as mulheres socialistas eram, entre as que iniciaram as mobilizações feministas no século XIX, como era de se esperar, as mais bem organizadas. Além disso, em *As origens da família, da propriedade privada e do Estado*, livro escrito em 1884, era claro o entusiasmo de Friedrich Engels quando, influenciado pelas teses do antropólogo evolucionista Lewis Henry Morgan – e, portanto, pela *Antropologia Histórica* do século XIX, mencionada mais acima – e pelo livro do suíço J. J. Bachofen, *O matriarcado*, publicado em 1861[17], insistia que a humanidade vivera um estágio no qual o matriarcado havia sido a forma por excelência da organização social e política. Da superação desse estágio, prossegue Engels, resultara o retorno da humanidade às mais antigas formas de exploração e diferenciação política que eram exatamente as que se estabeleciam entre os sexos[18].

---

[16] DUBY, Georges; PERROT, Michelle (Orgs.). Escrever a história das mulheres. *História das mulheres no Ocidente*. Lisboa: Afrontamento, 1991, p. 13.

[17] Para Bachofen, o matriarcado seria uma fase intermediária entre o primitivismo sem qualquer norma de organização familiar e o patriarcalismo, forma superior de organização da família e da sociedade.

[18] Karl Marx também se sentiu atraído pelas conclusões de Morgan, ponto de partida de suas "Notas etnográficas", escritas entre 1880 e 1882.

Apesar disso, algumas passagens do Manifesto Comunista, de 1848, especialmente aquelas que abordam o tema da relação entre as mulheres e os homens, já poderiam ser tomadas como evidência de que a questão das diferenças entre os sexos seria considerada de forma indiferenciada dos resultados da superação dos antagonismos de classe. Ou seja, de que a superação de tais desigualdades seria o resultado quase automático da eliminação da sociedade de classes. Apesar de longa, a passagem do Manifesto Comunista que trata das mulheres é por demais ilustrativa para que não seja citada.

Ela inicia, de forma engenhosa, fazendo com que se voltem contra os inimigos de classe as acusações desferidas contra os comunistas:

> Toda a burguesia grita em coro: "Vós, comunistas, quereis introduzir a comunidade das mulheres!" Para o burguês, sua mulher nada mais é que um instrumento de produção. Ouvindo dizer que os instrumentos de produção serão explorados em comum, conclui naturalmente que ocorrerá o mesmo com as mulheres. Não imagina que se trata precisamente de arrancar a mulher de seu papel atual de simples instrumento de produção.

Fiéis ao método de "inversão do jogo", Marx e Engels acusam os burgueses de prostituírem suas mulheres e, ao final, não temem em fazer uma defesa das mais arrojadas das relações amorosas entre homens e mulheres na nova ordem a ser instaurada pelo comunismo:

> Nada mais grotesco, aliás, que a virtuosa indignação que, a nossos burgueses, inspira a pretensa comunidade oficial das mulheres que adotariam os comunistas. Os comunistas não precisam introduzir a comunidade das mulheres. Esta quase sempre existiu. Nossos burgueses, não contentes

em ter à sua disposição as mulheres e as filhas dos proletários, sem falar da prostituição oficial, têm singular prazer em cornearem-se uns aos outros. O casamento burguês é, na realidade, a comunidade das mulheres casadas. No máximo, poderiam acusar os comunistas de quererem substituir uma comunidade de mulheres, hipócrita e dissimulada, por outra que seria franca e oficial. De resto, é evidente que, com a abolição das relações de produção atuais, a comunidade das mulheres que deriva dessas relações, isto é, a prostituição oficial e não oficial desaparecerá. (<http://www.culturabrasil.pro.br/manifestocomunista.htm>)

O quanto essas passagens influenciaram as militantes da década de 1960-70, que fariam sobrepor à utopia da sociedade sem classes a utopia da igualdade entre os sexos, não vem ao caso considerar aqui. Importante mesmo é destacar que a leitura predominante que se fazia do marxismo, à época em que o movimento feminista era o mais atuante, foi a do estruturalismo com sua tendência a reduzir a realidade a estruturas e a praticamente desaparecer com os sujeitos históricos. Nesse contexto intelectual, era de se prever que o espaço para a recuperação das mulheres na História fosse reduzido. Não há que se esquecer, também, que os socialistas, entre os feministas, também sustentavam que apenas a derrubada do capitalismo traria a libertação das mulheres[19].

Tal constatação não impediu, no entanto, que também nos anos 70 ganhassem força os estudos sobre as mulheres, privilegiando o mundo do trabalho numa possível vincu-

---

[19] No interior do pensamento de esquerda do século XIX e entre os que conflitavam com as ideias de Marx e Engels, Ludwig Feuerbach (1804-1872), economista e filósofo alemão, assinalava a diferença entre os sexos, não para justificar a divisão de papéis entre eles, mas para ressaltar o prazer, a fruição das relações entre homens e mulheres.

lação entre a emergência de pesquisas sobre o movimento operário e a herança da tradição marxista, cujo objetivo era "identificar os signos da opressão masculina e capitalista sobre as mulheres"[20]. Os temas mais recorrentes variavam da participação feminina no mercado de trabalho, preponderantemente o fabril, com enfoque não apenas no papel que a incorporação de sua força de trabalho significou, principalmente na indústria têxtil – juntamente com o trabalho infantil – para o processo de acumulação de capital, suas condições de trabalho e vida, mas também suas manifestações coletivas no âmbito do que se convencionou chamar de movimento operário.

Uma das principais contribuições dessa linha de pesquisa, ainda influenciada pelo marxismo, para o que mais tarde se designaria como o papel dos gêneros na História, foi a constatação de que "condição operária" não levava, necessariamente, homens e mulheres a constituírem laços de solidariedade, verificando-se, ao contrário, disputas entre os dois sexos, sobretudo naquelas conjunturas nas quais os postos de trabalhos se tornavam mais escassos.

Mas não apenas nelas. Os operários fabris – a generalização talvez seja imprópria, uma vez que em muitos países o trabalho feminino se manteve, nos primórdios, praticamente restrito às unidades têxteis, numa extensão clara da tarefa doméstica da fiação e tecelagem, exercida por mulheres, para o espaço urbano e fabril – passaram a verificar que suas suspeitas de que a contratação de mulheres servia para comprimir seus próprios salários já que a menor remuneração feminina era justificada, no interesse do capital, como apenas complementar a dos homens, não eram de modo algum infundadas. Por isso mesmo, às mobilizações das operárias fabris

---

[20] MATOS, Maria Izilda S. de. *Por uma história da mulher*. São Paulo: Edusc, 2000, p. 13.

passou a ser dada uma atenção, por parte dos estudiosos, que buscava realçar sua autonomia.

Mais tarde, quando a antropologia e a história social se incorporam com força à análise do movimento operário, distanciando-se cada vez mais de uma interpretação mecanicista do marxismo, os estudos das mulheres operárias serão de inestimável importância para o questionamento de uma definição de feminino baseada essencialmente em aspectos biológicos, e por isso, generalizantes. Afinal a própria "designação de mulheres 'trabalhadoras' como uma categoria separada de 'trabalhadores' criou outras percepções sociais do que significava uma mulher", apontando para a mutabilidade do termo mulher no processo histórico, tanto sincrônica como diacronicamente[21].

Não resta dúvidas de que as contribuições de E. P. Thompson, principalmente no final dos anos 1970 (ainda que muitos de seus trabalhos datem de um período anterior a esse) com sua ênfase no trabalho urbano ou nas "múltiplas estratégias e resistências criadas e recriadas pelas mulheres no cotidiano", com a ideia de uma "cultura de resistência", em que a luta pela sobrevivência e a improvisação tomaram feições de atitudes políticas, formas de conscientização e manifestações espontâneas de resistência"[22], foram fundamentais à renovação dos estudos sobre as mulheres operárias.

Ainda que o historiador inglês não estabeleça as mulheres como objeto específico de suas análises, ao dedicar em sua obra especial atenção às manifestações cotidianas de resistência dos segmentos populares, acaba por salientar a participação das mulheres no espaço público, quando as

---

[21] SCOTT, Joan. História das mulheres. In: BURKE, Peter (org.). *A escrita da História*: novas perspectivas. São Paulo: Unesp, 1992, p. 65.

[22] MATOS, Maria Izilda S de. *Por uma história da mulher*. São Paulo: Edusc, 2000, p. 14.

identifica como lideranças nos motins do século XVIII, em especial aqueles conhecidos como *food riots* (revoltas de fome), retirando-as do confinamento do espaço doméstico a que pareciam condenadas por mais de um século de tradição historiográfica. Baseando-se em suas conclusões, inúmeros historiadores vão insistir que, apesar de não serem figuras dominantes no espaço da política formal, essa atuação das mulheres pode lhes ter conferido uma base de poder dentro das comunidades na qual atuavam.

O reconhecimento de que o exercício do poder não se limita à política formal – o que implica, também, uma redefinição do espaço da política, que deixa de ser apenas a esfera pública – recebeu das teses de Michel Foucault o seu impulso decisivo. Tão decisivas como as conclusões sobre a natureza fragmentada do poder[23] para a história das mulheres são as considerações de Foucault e sua "história da transgressão", na qual as concubinas, prostitutas, loucas, freiras, escravas, entre uma miríade de personagens femininas "desviantes", aparecem como sujeitos históricos[24]. Sua ênfase na *diferença* permite não apenas que se desloque o foco da ação política e dos agentes históricos, desafiando um discurso universal masculino, mas também que se questionem categorias unívocas de feminino que se condensaram principalmente naqueles estudos em que a ênfase recaía sobre a ação coletiva das mulheres, tema que será abordado mais adiante.

Como nosso objetivo, aqui, não é o de relacionar todas as formulações que contribuíram para a constituição e afirmação do campo da história das mulheres, parecem-nos

---

[23] Nas palavras de Michel de Certeau trata-se de reconhecer "as formas sub-reptícias que assume a criatividade dispersa, tática e bricoulese dos dominados, com vistas a reagir à opressão que sobre eles incide". CERTEAU, Michel de. *A invenção do cotidiano*: artes de fazer. Petrópolis: Vozes, 1994, p. 14.

[24] PRIORE, Mary Del. História das mulheres: as vozes do silêncio. In: FREITAS, Marcos Cezar de (Org.). *Historiografia brasileira em perspectiva*. São Paulo: Contexto, 1998, p. 226.

suficientes as referências feitas até o momento, reconhecendo sua influência na superação dos paradigmas prevalecentes na produção historiográfica[25], o que ficou conhecido, não sem certa polêmica, como *crise dos paradigmas* e, fator correlato, o surgimento da chamada *Nova História*.

Ainda que o termo *Nova História*, apenas de forma abusiva, possa ser considerado um campo unívoco do fazer historiográfico, a sua tendência à valorização da ideia de dado, no lugar de fato, ao combate à história acontecimental, a sua necessidade de inscrever o conjunto de dados trabalhados em diferentes durações, e, talvez o mais importante, a eleição de um universo de personagens que contempla os sujeitos anônimos, fragmentados no lugar das "grandes personagens", não apenas contribuiu para a superação de vários impasses que atormentavam os historiadores das mulheres, como concorreu para a renovação dessa área do conhecimento, como se verá na sessão seguinte. Nas palavras dos organizadores de *A história das mulheres no Ocidente,* a influência da Nova História representou o "encontro feliz, entre a renovação do questionamento histórico e a 'História das mulheres'"[26].

A emergência dos estudos sobre as mulheres como sujeitos históricos e o movimento feminista

Não parece restar qualquer dúvida nos dias atuais de que a constituição da história das mulheres como campo específico de conhecimento se processa em relação direta

---

[25] "Podemos, talvez, situar os sintomas da mudança nos anos 1970 ou mesmo um pouco antes, com a crise de maio de 1968, com a guerra do Vietnã, a ascensão do feminismo, o surgimento da *New Left*, em termos de cultura.... Foi quando então se insinuou a hoje comentada crise dos paradigmas explicativos da realidade, ocasionando rupturas epistemológicas profundas que puseram em xeque os marcos conceituais dominantes na História". PESAVENTO, Sandra Jatahy. História & História Cultural. Belo Horizonte: Autêntica, 2003, p. 8.

[26] DUBY, Georges; PERROT, Michelle (Orgs.). Escrever a história das mulheres. *História das mulheres no Ocidente*. Lisboa: Afrontamento, 1991, p. 14.

com o movimento feminista das décadas de 1960-70. É Joan Scott, porém, historiadora e militante feminista norte-americana, que nos alerta para o fato de que tais relações não se estabeleceram de forma linear.

Segundo a autora, processos e acontecimentos que se encaixam quase que perfeitamente pertencem muito mais a uma visão "idílica" do processo e apenas aparentemente dão conta da diversidade, das marchas e contramarchas que marcaram esse campo do conhecimento, perdendo-se para o encadeamento das explicações algo da riqueza dos processos.

Joan Scott questiona principalmente certa cronologia da produção da história das mulheres, predominante em muitas análises, na qual ela passa de saber imediatamente relacionado aos movimentos feministas, para em seguida se estabelecer como saber acadêmico, culminando com o surgimento e a utilização da categoria gênero. Para a autora, a trajetória traçada não é criticável apenas pelo seu aspecto linear (ainda que também o seja), mas, pelo que esse pretenso processo tem de crescente despolitização: "A emergência da história das mulheres como um campo de estudo envolve, nesta interpretação, uma evolução do feminismo para as mulheres e daí para o gênero; ou seja, da política para a história especializada e daí para a análise"[27].

Chamando a atenção para o fato de que essa narrativa "representa mal a história das mulheres e seu relacionamento, tanto com a política, quanto com a disciplina da história", Scott esclarece que:

> A história deste campo não requer somente uma narrativa linear, mas um relato mais complexo, que leve em conta, ao mesmo tempo, a posição variável das mulheres na história, o movimento feminista e a disciplina da história. Embora a história das mu-

---
[27] SCOTT, Joan. História das mulheres. In: BURKE, Peter (Org.). *A escrita da História*: novas perspectivas. São Paulo: Unesp, 1992, p. 65.

lheres esteja certamente associada à emergência do feminismo, este não desapareceu, seja como uma presença na academia ou na sociedade em geral, ainda que os termos de sua organização e de sua existência tenham mudado.[28]

Ainda segundo a autora, nem mesmo a introdução da categoria gênero pode ser "acusada" de ter significado a despolitização do tema, visto que muitos dos profissionais que se dedicam a esse campo de pesquisa se reconhecem como "historiadores feministas".

Em atenção a essas considerações, e mesmo sabendo das dificuldades em seguir à risca seu "programa", procurei reconstituir alguns aspectos das relações entre o movimento feminista e a história das mulheres.

Comecemos retornando a Simone de Beauvoir. Nem mesmo o fato de a escritora ter "decretado", nos anos quarenta, em *O segundo sexo*, que "as mulheres não tinham história", não podendo, assim, orgulharem-se de si próprias, desestimulava os pesquisadores que, algumas décadas depois, se voltaram para o estudo das mulheres. Ao contrário, e graças, entre outros fatores, à sua articulação com o movimento feminista que se apresentava no auge do seu vigor, supunha-se que a história das mulheres viera para revolucionar o saber histórico.

Muitos desses estúdios discordavam, exatamente, das conclusões a que chegou Beauvoir, argumentando que o fato de os homens terem predominado como historiadores levara ao encobrimento do real papel das mulheres na História. O resultado dessa conclusão talvez explique a tendência, nem de longe recente, mas sem dúvida reavivada pelo debate de então, da historiografia "engajada" com as questões femininas dedicar-se à biografia das "grandes mulheres", em geral

---

[28] Idem, ibidem.

àquelas com trajetórias similares aos congêneres masculinos, o que muitas vezes significava o mesmo que realçar-lhe a visibilidade através do reconhecimento de sua atuação na esfera pública, confirmando-lhes a excepcionalidade.

Dessa efervescência em torno da afirmação da igualdade entre os sexos e do resultado de um duplo movimento, o das reflexões sobre as bandeiras e da própria organização do movimento, por um lado, e dos resultados concretos que dele resultavam, como uma maior presença de mulheres no meio acadêmico, surgem os estudos sistemáticos sobre a "condição feminina" no campo mais amplo das Ciências Humanas e Sociais, particularmente no da História, com o surgimento da *história das mulheres*.

Os ataques contra as inconsistências de um "sujeito universal" representado pela figura masculina da história tradicional – e mesmo daquela não tão tradicional assim – contemplavam não apenas a crítica a uma historiografia em que os sujeitos submergiam às "estruturas" (econômicas, sociais, políticas), mas também apontavam para a insustentabilidade de um saber histórico que se não se apoiasse na multiplicidade dos sujeitos.

"À crítica a uma história uterina respondeu-se com a ideia de que a história fora, ao longo do tempo, fálica"[29]. A frase de Joan Scott, talvez uma das mais importantes historiadoras que alcançou, com uma clara demonstração teórica, "reabilitar" o termo feminista, e cujas ideias servem de base à presente reconstituição, sintetiza o alcance demolidor da crítica ao sujeito universal[30].

Assim, se as historiadoras feministas eram acusadas de se basearem em uma visão parcial da História, ao privi-

---

[29] SCOTT, Joan. História das mulheres. In: BURKE, Peter (Org.). *A escrita da História*: novas perspectivas. São Paulo: Unesp, 1992, p. 80.

[30] O que não significa que suas concepções sejam consensuais.

legiar as mulheres como sujeitos, ficava claro que também o conhecimento histórico que se produzia sob o rótulo de "História Universal" ou "História da Humanidade" padecia da isenção que muitos profissionais reivindicavam para ela. Isso porque o que se fizera até então, com as exceções de praxe, é claro, fora a história do homem branco que excluía pelo menos a metade da humanidade. Uma evidência disso é que os grandes marcos cronológicos, reputados quase como naturais, História Antiga, Medieval, Moderna, entre outras "unidades de sentido"[31], constituíram-se como resultado dessa parcialidade e só poderiam servir a determinado sujeito histórico, excluindo os demais.

A natureza subversiva da história das mulheres se evidenciava ainda no rol de perguntas que apresentavam à "comunidade de historiadores", questionando suas hierarquias, pressupostos, hipóteses: "Que padrões, que definições de 'profissionalismo' estão em voga? Que consenso representam? Como se chegou ao consenso? Que outros pontos de vista foram excluídos ou suprimidos? Que perspectiva determina o que se considera como sendo uma boa história ou, para aquela questão, como história?"[32].

A multiplicação de trabalhos sobre a história das mulheres, construídos sobre um considerável aporte de pesquisas empíricas, não apenas questionavam as periodizações correntes, como também redefiniam o lócus de exercício de poder,

---

[31] "A História, portanto, nunca se debruçou sobre a história humana como um todo, mas sobre histórias particulares, histórias de ALGO. Sempre estudou histórias específicas inseridas dentro de unidades de sentido (os ALGOS) que confeririam coerência a um corpo de documentos e a uma narrativa, descrição, explicação ou interpretação. Entender o modo como se definiram essas unidades, ou seja, os objetos particulares da História, é crucial para compreender os impasses contemporâneos da disciplina". GUARINELO, Luiz Norberto. História científica, história contemporânea e história cotidiana. *Revista Brasileira de História*, São Paulo, n. 48, p. 15-16, 2005.

[32] SCOTT, Joan. História das mulheres. In: BURKE, Peter (Org.). *A escrita da História*: novas perspectivas. São Paulo: Unesp, 1992, p. 74.

agora não mais limitado ao espaço público, demonstravam que as mulheres haviam influenciado nos acontecimentos históricos como denunciavam a insuficiência do sujeito universal: "O sujeito da história não era uma figura universal, e os historiadores, que escreviam como se ele o fosse, não podiam mais reivindicar estar contando toda a história"[33].

O momento histórico se mostrava particularmente propício à criação de "uma identidade coletiva de mulheres, indivíduos do sexo feminino com um interesse compartilhado no fim da subordinação, da invisibilidade e da impotência, criando igualdade e ganhando um controle sobre seus corpos e sobre suas vidas"[34].

A crise do movimento feminista e a história das mulheres

Decorridos apenas dez anos do auge das manifestações feministas, os balanços dessa prática política não conseguiam encobrir uma sombra de decepção que se sobressaia em livros como *A segunda etapa*, de Betty Friedan, considerada uma das figuras totêmicas do novo feminismo. Publicado nos Estados Unidos, em 1981, e apenas dois anos depois no Brasil[35], sua tese central era a de que a conquista da igualdade de direitos entre os homens e as mulheres não acarretou a felicidade e o bem-estar esperados. A maioria dos analistas concordava que o feminismo passava por uma "crise de adolescência". Houve quem admitisse, entre antigas e novas lideranças do movimento, que muitas mulheres não conse-

---

[33] SCOTT, Joan. História das mulheres. In: BURKE, Peter (Org.). *A escrita da História*: novas perspectivas. São Paulo: Unesp, 1992, p. 86.

[34] SCOTT, Joan. História das mulheres. In: BURKE, Peter (Org.). *A escrita da História*: novas perspectivas. São Paulo: Unesp, 1992, p. 68.

[35] FRIEDAN, Betty. *A segunda etapa*. Rio de Janeiro: Francisco Alves, 1983.

guiam olhar para o retrato de suas avós sem sentirem pelo menos uma vaga nostalgia...

As considerações de Betty Friedan, é claro, jogavam água no moinho das desilusões. Suas previsões de que o fim do feminismo estava próximo só não pareciam mais demolidoras do que a avaliação que a autora fazia das razões que levaram a tal fracasso. Em primeiro lugar, o "erro ideológico de fomentar o envenamento das relações entre homens e mulheres e, pior ainda, das relações entre elas próprias"[36]. Em segundo, mas não menos importante, de que a reivindicação de igualdade fora formulada de acordo com um modelo masculino, construído sobre a negação de que qualquer atributo, justa ou injustamente, associado à mulher – como a ternura, a efetividade – fossem preteríveis ao primado da razão (o que mostra como eram recorrentes as oposições formuladas por Michelet no século XIX). Na esteira da crise, não faltaram frases bombásticas, como a proferida por Gloria Steinem: "Hoje estamos nos transformando nos homens com quem queríamos casar".

Além desses dilemas, as avaliações sobre os impasses sofridos pelo feminismo reconheciam o componente utópico do movimento revelado pelo insucesso de mudança da organização da sociedade com base na produtividade, na competição e no sucesso econômico por qualidade de vida, na realização pessoal e numa sociedade mais humana. Somavam-se a essas, impostas por convicções religiosas, questões sobre o uso de contraceptivos e a legalização do aborto, assim como as dificuldades em se enfrentar os desafios impostos pela necessidade de combinar, principalmente nas famílias monoparentais constituídas em torno da mãe, a criação de filhos com o trabalho fora de casa[37].

---

[36] COSTA, Albertina Oliveira. A volta ao lar segundo Betty Friedan. Novos Estudos CEBRAP, São Paulo, v. 2, n. 2, p. 19-20, jul. 83.

[37] PRIORE, Mary Del. História das mulheres: as vozes do silêncio. In: FREITAS, Marcos Cezar de (Org.). *Historiografia brasileira em perspectiva*. São Paulo: Contexto, 1998, p. 222.

A própria dinâmica do movimento feminista foi revelando sua diversidade e acentuando suas divisões: "As mulheres penetravam nos movimentos sociais, expressando suas inúmeras outras associações e dessa forma se descobriram como diversidade dentro do próprio movimento feminista, que deixava de ser uma luta localizada"[38]. Era o movimento feminista se confrontando com o "dilema da diferença".

Como resultado, reforça-se a ideia de separação entre o movimento feminista e a produção de uma história das mulheres, o que se evidencia, no plano dos conceitos, pela formulação da categoria *história feminista,* que, de acordo com Joan Scott, se definiria como um saber produzido com ênfase nas relações de dominação entre homens e mulheres, preocupação menos central na história das mulheres. No processo, tal história consolida seu lugar na academia e compensa a perda do ardor militante com a adoção de padrões mais rigorosos de pesquisa.

Esses impasses, como não poderia deixar de ser, repercutiram sobre o campo da história das mulheres. Se a emergência desses estudos fora fundamental para desacreditar a categoria do sujeito universal da História ("O homem, macho, branco sempre no comando", como aparece em um verso da música *Estrangeiro* de Caetano Veloso), não sem ironia os impasses do feminismo levavam ao questionamento da categoria universal do feminino, forjada pelo movimento feminista. Admitia-se, assim, que a ideia de uma condição feminina, inalterável ao longo da História, acabava reincidindo no erro, contra o qual lutaram gerações de historiadoras, de naturalização de algo que era definido historicamente e de forma relacional: a incessante construção das definições de feminino e de masculino.

---

[38] MATOS, Maria Izilda S de. Outras histórias: as mulheres e estudos dos gêneros – percursos e possibilidades. In: SAMARA, Eni de Mesquita; SOIHET, Rachel; MATOS, Maria Izilda S de. *Gênero em debate*: trajetória e perspectiva na historiografia contemporânea. São Paulo: Educ, 1997, p. 96.

Nos anos 1990, esses impasses parecem ter-se acentuado. Mesmo tendo sido decretado o fim do sujeito universal masculino, os estudos focados exclusivamente nas mulheres acabavam por revelar-lhes uma participação ancilar, secundária no processo histórico. A história das mulheres seguia sendo uma "história paralela". A *condição feminina* que aparecia como elemento essencial (e essencialista no sentido de acabar incidindo, mesmo que involuntariamente, em uma noção de natureza feminina, recaindo, assim, na mesma naturalização contra a qual muito se lutou, sintetizada na frase já citada "anatomia é destino") para cimentar uma unidade entre esses novos protagonistas históricos não parecia resistir aos desafios colocados pela história social por revelarem que nem sempre as diferenças de sexo se mostraram fundamentais, ou, ainda, que à diferença entre homens e mulheres sobrepunham-se distinções de classe, etnia, raça.

O balanço da história das mulheres não parecia, mesmo, alentador:

> Nos anos 80 e depois de uma farta produção, os historiadores se perguntavam em que os estudos sobre a mulher teriam modificado a história tradicional ou renovado seus métodos. [...] A verdade é que, diferentemente de outras ciências humanas, como a sociologia, a história não tinha conseguido concretizar as necessárias rupturas epistemológicas a fim de realizar uma redefinição e um alargamento de noções tradicionais na ciência histórica[39].

Se a pretensão dos estudiosos, principalmente daqueles envolvidos com uma "história feminista", conforme citado, de revolucionarem o saber histórico não se confirmaram de

---

[39] PRIORE, Mary Del. História das mulheres: as vozes do silêncio. In: FREITAS, Marcos Cezar de (Org.). *Historiografia brasileira em perspectiva*. São Paulo: Contexto, 1998, p. 222.

todo, à medida que se consolidava a história das mulheres tornava-se mais nítida a forma pela qual ela própria seria capaz de contribuir inovando, questionando ou reforçando algumas linhas básicas da historiografia, sobretudo daquela influenciada pela Nova História. A começar pelos marcos temporais tradicionais a partir dos quais se demarcavam a história do Ocidente.

Se eles já haviam se mostrado obsoletos pela eleição de novos temas e objetos, a história das mulheres os colocava em xeque, uma vez que eles correspondiam aos "grandes feitos" associados, via de regra, aos personagens masculinos. Mais importante que isso, a entrada em cena das mulheres, apontava também para a importância de se considerar o tempo em sua dimensão fragmentária, as durações marcadas pela vida doméstica, pelo predomínio do privado e sua, pelo menos aparente, longa duração, por um ritmo menos frenético, sobretudo quando o interesse recaía sobre as sociedades pré-industriais.

Na mesma linha de desafios, os historiadores das mulheres tinham de enfrentar os questionamentos impostos pela *história social*. Afinal, "como escrever uma história coerente das mulheres, sem uma ideia determinada e compartilhada do que são as mulheres?"[40]. A *história social*, ainda que não apenas ela, levava à conclusão de que a existência de questões étnicas, raciais, culturais impedia que se referisse às mulheres como um grupo único, homogêneo. Mais uma vez, é Joan Scott que auxilia a sistematizar o debate: qual é o elo conceitual para a história das mulheres ou para os cursos de estudos das mulheres, entre o que parece ser uma proliferação infinita de diferentes histórias (de mulheres)? (Os dois problemas estão ligados: será que há uma identidade

---

[40] SCOTT, Joan. História das mulheres. In: BURKE, Peter (Org.). *A escrita da História*: novas perspectivas. São Paulo: Unesp, 1992, p. 91.

comum para as mulheres e será que há uma história delas que possamos escrever?)"⁴¹.

Uma última e fundamental questão, desencadeada pela crise do feminismo e do campo intelectual no qual ela fora formulada, resultou na reformulação da categoria de dominação e de opressão que sustentava a maioria dos trabalhos sobre a história das mulheres.

Na fase dos "relativismos", sobretudo os culturais, que caracterizam o novo contexto histórico, a dominação sobre a mulher, ao longo da História, passa a ser vista de forma menos absoluta e exercida de forma menos unilateral sobre os dominados: "Como frisa Michel De Certeau... torna-se necessário 'exumar as formas sub-reptícias que assume a criatividade dispersa, tática e bricoulese dos dominados, com vistas a reagir à opressão que sobre eles incide'"⁴².

Do ponto de vista metodológico, a desconstrução desses discursos homogeinizantes sobre (e contra) a dominação sobre a mulher consistiu em não tomar por norma os discursos formulados acerca do feminino, fossem eles médicos, jurídicos, pedagógicos, considerando que, entre o discurso e a prática, havia significativo espaço para formas imprevistas, não codificadas, não meramente reativas do comportamento das mulheres. O reconhecimento dessas práticas se traduzirá na categoria de resistência.

Se a categoria em si não é nenhuma novidade, principalmente quando se leva em conta a contribuição dos estudos sobre o movimento operário vinculado às mais variadas tradições do marxismo, ainda que não apenas delas, a forma

---

⁴¹ SCOTT, Joan. História das mulheres. In: BURKE, Peter (Org.). *A escrita da História*: novas perspectivas. São Paulo: Unesp, 1992, p. 89.

⁴² SOIHET, Rachel. Enfoques feministas e a História: desafios e perspectivas. In: SAMARA, Eni de Mesquita; SOIHET, Rachel; MATOS, Maria Izilda S de. *Gênero em debate*: trajetória e perspectiva na historiografia contemporânea. São Paulo: Educ, 1997, p. 73.

como ela é reintroduzida é inteiramente nova. Isso, por se tratar de resistência lenta, surda, quase invisível, restrita a determinados espaços (mas nem por isso menos politizada), em geral contraposta a uma ubíqua dominação masculina. Dessa noção de resistência não estão descartados nem mesmo os poderes da sedução e da castidade, perspectiva cuja adoção era impensável para certa tradição feminista e que podem resultar em verdadeiras inversões nas formas de exercício de poder cotidianas.

Caberá à história social, mais uma vez, estabelecer a forma com se estrutura uma verdadeira hierarquia de poderes, onde se incluiriam as outras mulheres, as crianças, os escravos.

A categoria gênero

Freud muitas vezes admitiu que o vocabulário que utilizava para definir "masculino" e "feminino" era impreciso e enganador: "os termos 'masculino' e 'feminino' significam coisas diferentes para cada autor. Qualificar a libido de 'masculina' não significa, observou ele explicitamente em 1915, senão que ela é 'ativa'". Com ênfase no aspecto sexual, o pai da psicanálise apresentava uma definição de gênero na qual o masculino e o feminino se definiriam de forma especular e se distinguiriam pelas influências do meio: "O que mais importava nesses anos... era que Freud descrevia uma evolução semelhante da vida sexual dos meninos e das meninas, diferenciada apenas por pressões sociais. Como seres sexuais, conforme então Freud via a questão, os homens e as mulheres são mais ou menos espelhos uns dos outros"[43].

As considerações da psicanálise, ainda que pese o reconhecimento de Freud de que suas definições sobre o assunto

---

[43] GAY, Peter. *Freud*: uma vida para o nosso tempo. São Paulo: Companhia das Letras, 1989, p. 467.

fossem imprecisas e até mesmo enganadoras, teriam sido de fundamental importância para a definição da categoria na forma como ela foi incorporada à história das mulheres. Baseadas nas interpretações de Lacan, da psicanálise de Freud estabeleceu-se que "a masculinidade e a feminilidade são encaradas como posições de sujeito, não necessariamente restritas a machos ou fêmeas biológicos"[44].

Outras influências não menos importantes na formulação da categoria de gênero aplicada (ou em alguns casos, em substituição) à história das mulheres ou, melhor dizendo, utilizada par "teorizar a questão da diferença sexual, viriam do seu emprego na gramática e na linguística – e menos da psicanálise – como também dos estudos "de sociologia dos papéis sociais designados às mulheres e aos homens"[45].

Não que o termo não fosse empregado antes do que se pode considerar o refluxo do movimento feminista clássico, sendo registrado já em 1970 nos trabalhos de Ann Oakley, permitindo que o próprio conceito de feminino fosse reconstruído.

Tal genealogia importa menos talvez do que destacar que o conceito ganhava força, sobretudo nos anos 1980, sendo entendido como uma categoria de análise histórica capaz de:

> revelar as diferenças sexuais e os papéis sociais a partir das significações histórica e socialmente construídas e designadas, de modo relacional, por mulheres e homens. [O que o aproximou] da perspectiva da história cultural, que procura identificar de que modo, em diferentes lugares e momentos, a realidade social é construída, pensada e lida. Assim,

---

[44] SCOTT, Joan. História das mulheres. In: BURKE, Peter (Org.). *A escrita da História*: novas perspectivas. São Paulo: Unesp, 1992, p. 89.

[45] SCOTT, Joan. História das mulheres. In: BURKE, Peter (Org.). *A escrita da História*: novas perspectivas. São Paulo: Unesp, 1992, p. 86.

os papéis normativos, os comportamentos atribuídos a homens e mulheres e a relação entre os sexos não são discursos neutros, mas representações construídas repletas de significados e de relações de poder[46].

Com a utilização da categoria gênero se chegava ao ponto mais alto da desnaturalização das diferenças entre homens e mulheres, uma vez que se reconhecia que "... a relação entre os sexos não é, portanto, um fato natural, mas sim uma interação social construída e remodelada incessantemente, nas diferentes sociedades e períodos históricos"[47].

Para alguns historiadores das mulheres, Michelle Perrot entre eles, a introdução da categoria gênero colocaria em segundo plano o sexo biológico ao incluir a ideia de que as diferenças entre os sexos seriam uma construção cultural. Evidência do peso da cultura na definição dessas diferenças é o fato de que o fenômeno que depreendia as mulheres como extensão ou resultado da conformação do corpo, de sua fisiologia, podia ser datado e resultava de práticas das chamadas Ciências Naturais e da Medicina, a partir do século XVIII, afirmavam a existência de uma feminilidade natural.

Apesar de não negar que o sexo biológico fosse um fator de identidade, tanto pessoal como coletiva, a crítica às correntes predominantes desde o século XVIII afirmava que não era o único ou nem sequer o mais importante. Com a categoria gênero estaria consumada a superação de noções universais, fossem de homens, fossem de mulheres. A introdução da categoria gênero, relacionada ao contexto social, portanto, levou à consideração da "diferença na dife-

---

[46] POSSAS, Lídia M. Vianna. Vozes femininas na correspondência de Plínio Salgado. In: GOMES, Ângela de Castro (Org.). *Escrita de si e escrita da História*. Rio de Janeiro: FGV, 2004. p. 265-266.

[47] SAMARA, Eni de Mesquita. O discurso e a construção da identidade de gênero na América Latina. In: SAMARA, Eni de Mesquita; SOIHET, Rachel; MATOS, Maria Izilda S de. *Gênero em debate*: trajetória e perspectiva na historiografia contemporânea. São Paulo: Edusc, 1997, p. 39.

rença". Não cabia, assim, a utilização do termo mulher sem adjetivá-lo: mulheres mestiças, negras, judias, trabalhadoras, camponesas, operárias, homossexuais.

Do ponto de vista metodológico, considerar o conteúdo relacional da história das mulheres significou a ampliação das fontes disponíveis ao historiador, acentuando um processo já em andamento, uma vez que não se tratava mais apenas de localizar aquela documentação na qual as mulheres figuravam como "protagonistas". Passou-se a conferir especial atenção às lacunas, às omissões existentes em fonte consideradas convencionais, realçando-se à medida que tais conteúdos velados contribuíam para esclarecer sobre o papel desempenhado pelas mulheres em determinados contextos[48].

Foi assim, por exemplo, no caso dos censos populacionais – assunto ao qual voltaremos no próximo capítulo – realizados em várias regiões do globo, desde pelo menos a constituição dos Estados Nacionais e que, por razões as mais diversas, que vão desde os preconceitos dos recenseadores, os interesses dos que prestavam as informações no sentido de subrepresentar determinada realidade, à subjetividade dos que organizavam os questionários, revelaram aspectos bastante esclarecedores para o entendimento da história das mulheres, agora entendida em seu conteúdo relacional com a contraparte masculina.

A noção de que os papéis sexuais são construídos socialmente e não se constituem como desdobramento da anatomia de homens e mulheres pode ser melhor compreendida através da contextualização dessas relações em um mesmo momento

---

[48] "... ela [a História das mulheres] teria passado por uma verdadeira revolução documental, pela redescoberta da pesquisa em arquivos, por temas no seio dos quais descortinavam-se as mulheres: sobretudo a família ou a demografia". PRIORE, Mary Del. História das mulheres: as vozes do silêncio. In: FREITAS, Marcos Cezar de (Org.). *Historiografia brasileira em perspectiva*. São Paulo: Contexto, 1998, p. 226.

histórico. Um bom exemplo é o fornecido por Michelle Perrot acerca dos diferentes papéis políticos que cabem a homens e mulheres em países capitalistas mas com diferentes tradições culturais.

Assim, nos países escandinavos, onde a política é associada à administração, é muito mais aceitável que uma mulher, plenamente capaz de administrar a casa, assuma um posto de poder. A política se confunde com a administração do cotidiano. Já na França e nos países latinos – e aqui vão indicadas algumas variáveis importantes para se entender o comportamento político relacionado a gênero:

> A separação entre o público e o privado, entre o doméstico e o político é muito mais forte na França, por todas as razões históricas... e, de maneira geral, nos países latinos. O catolicismo contribui para essa sacralização do político, de que as mulheres são indignas por sua própria feminilidade. As italianas e as espanholas votaram antes das francesas. Mas têm ainda mais dificuldades para chegar ao poder executivo. A diferença dos sexos, que se exprime com tanta força no exercício do poder político, varia de acordo com os contextos religiosos e culturais que tecem as nações.[49]

Ainda que o reconhecimento de que a introdução da categoria gênero tenha representado um considerável avanço no que até então era tratado essencialmente como história das mulheres tenha sido partilhado por boa parte dos historiadores – mesmo que por motivos diferentes, variando entre aqueles que viam na sua incorporação uma forma mais neutra, mais "científica" e portanto uma alternativa à forma politizada como se vinha construindo o conhecimento sobre as mulheres, àqueles que saudavam o seu caráter relacional –

---

[49] PERROT, Michelle. *Mulheres públicas*. São Paulo: UNESP, 1998, p. 132.

tal reconhecimento não deixou de gerar polêmicas acirradas e que podem ser resumidas em pelo menos três diferentes perspectivas.

Uma, de que a categoria gênero havia sofrido um processo de absorção e passara a ser sinônimo de história das mulheres[50], contradizendo explicitamente considerações como a de Michelle Perrot para quem "a categoria relacional de gêneros substituiu internacionalmente a perspectiva de uma 'história das mulheres'"[51]. A outra, expressa pela historiadora Ginna Pomata, de que a utilização da noção de gênero não substituía a constituição do campo reconhecido como história das mulheres, mas, sim, que:

> deve ser compreendida como a história da construção social das categorias do masculino e feminino, por meio de discursos e práticas. [Deve ser considerada] porém, distinta da história das mulheres, não podendo excluir a necessidade de uma história social das mulheres... [cujo principal desafio é] superar a "penúria de fatos" sobre sua vida, ampliando os limites de nossa memória do passado.[52]

A terceira, mais relacionada às dificuldades de incorporação da categoria no fazer historiográfico e à ideia de que ela se tornara sinônimo de história das mulheres, de que muitos

---

[50] "Enquanto nova categoria, o gênero vem procurando dialogar com outras categorias históricas já existentes, mas vulgarmente ainda é empregado como sinônimo de mulher, já que seu uso teve uma acolhida maior entre os estudiosos do tema". MATOS, Maria Izilda S de. Outras histórias: as mulheres e estudos dos gêneros – percursos e possibilidades. In: SAMARA, Eni de Mesquita; SOIHET, Rachel; MATOS, Maria Izilda S de. *Gênero em debate*: trajetória e perspectiva na historiografia contemporânea. São Paulo: Educ, 1997, p. 97.

[51] PERROT, Michelle. Em que ponto está a história das mulheres na França?. *Revista Brasileira de História*, São Paulo, v. 14, n. 28, p. 9-27, 1994.

[52] SOIHET, Rachel. Enfoques feministas e a História: desafios e perspectivas. In: SAMARA, Eni de Mesquita; SOIHET, Rachel; MATOS, Maria Izilda S de. *Gênero em debate*: trajetória e perspectiva na historiografia contemporânea. São Paulo: Educ, 1997, p. 78.

trabalhos que se apresentavam como focalizados nos aspectos de gênero acabavam por não reconstituir a contraparte das representações do masculino.

Algumas considerações sobre a historiografia sobre as mulheres no Brasil

Em *Escrever a história das mulheres*, texto que introduz a coleção *História das mulheres no Ocidente*, os organizadores Georges Duby e Michelle Perrot admitem que a obra tem como um dos seus limites a ausência de trabalhos que versem sobre a história das mulheres na América Latina. Tal ausência se explica, textualmente, pela "inexistência de estudos", à época, sobre o assunto na região. A avaliação sobre a produção historiográfica desse "outro Ocidente" talvez não fizesse justiça às iniciativas realizadas nesse campo, uma vez que, apenas dez anos após o lançamento da coleção que tinha Duby e Perrot como organizadores, veio a público o *História das mulheres no Brasil*[53], trabalho que integrou, de forma bem-sucedida, os estudos que então se desenvolviam no país sobre o tema.

Pode-se até argumentar que o espaço de dez anos é um intervalo considerável. No entanto, a qualidade e consistência dos trabalhos reunidos por Mary Del Priore no *História das mulheres no Brasil* precedidos que foram pelos estudos abordando a questão no Brasil, demonstram que as pesquisas sobre aquele campo de conhecimento datavam de muito antes na América Latina.[54]

Mais importante, porém, do que a constatação do equívoco assinalado são as considerações de Duby e Perrot acerca

---

[53] PRIORE, Mary Del (Org.). *História das mulheres no Brasil*. São Paulo: Contexto, 2001.

[54] Alguns desses estudos pioneiros encontram-se listados na *Bibliografia*, logo após as considerações finais deste trabalho.

das contribuições que adviriam da realização de pesquisas sobre as mulheres na região. A começar pelos efeitos causados pela importação de modelos femininos ibéricos sobre as mulheres indígenas, passando pelo impacto que a colonização casou nas relações entre os gêneros, principalmente levando-se em conta a adoção do trabalho compulsório que, na maioria das possessões hispano-americanas, significou a desorganização das sociedades autóctones. Realidade também verificada na América Portuguesa, mas à qual viria se sobrepor a organização de uma sociedade escravista, cuja principal fonte de reposição da mão de obra se dava através do tráfico internacional de escravos africanos, resultando em uma das maiores diásporas forçadas da história da humanidade.

A ênfase na distinção entre o contexto histórico da Europa e da América Ibérica teria até mesmo levado à elaboração de modelos diversos de comportamentos femininos nos quais, de forma bastante esquemática, se supunha que as mulheres latino-americanas se sentiam mais confortáveis no desempenho de seus papéis tradicionais, restritos aos espaços domésticos e às tarefas relacionadas à reprodução da família do que as anglo-saxãs[55]. A expansão do catolicismo e, mais especificamente, o culto Mariano, muito disseminado na Ibero-América, explicariam, em grande parte, tais distinções. Com base na assimilação do marianismo, as *mulheres latino americanas* – seja qual for o significado atribuído a expressão tão genérica – teriam se apropriado "do 'machismo' na consecução dos seus próprios interesses" e tornado "beneficiárias desse mito" que, reelaborado, as retiraria da condição de vítimas.

---

[55] É a conclusão a que chega Evelyn Stevens em: Marianismo: the other face of machismo in Latin América. In: PESCATELO, A. (Ed.). Female and male in Latin America. Pittsburgh: University of Pittsburgh Press, 1973. Apud. SAMARA, Eni de Mesquita. O discurso e a construção da identidade de gênero na América Latina. In: SAMARA, Eni de Mesquita; SOIHET, Rachel; MATOS, Maria Izilda S de. *Gênero em debate*: trajetória e perspectiva na historiografia contemporânea. São Paulo: Educ, 1997, p. 21.

Que tais questões, ainda que não apenas elas, tornaram-se cruciais para a história das mulheres na América Latina, atesta a ênfase dada pela historiografia que tratou do assunto, ao período colonial e imperial brasileiros, sobretudo nos primórdios dessa produção. Semelhanças e diversidades foram ressaltadas entre a história das "mulheres brancas" – ainda que o termo, empregado na mesma Introdução ao *História das Mulheres no Ocidente* possa sugerir uma univocidade que está longe de corresponder à realidade histórica – e as africanas na diáspora, ao fenômeno da mestiçagem, tanto negra quanto indígena, etc.

Um ponto que merece ser enfatizado é o de que essas particularidades da História do Novo Mundo, pelo menos em sua parte meridional, parecem propícias a um tratamento relacional hoje reivindicado pelos estudos sobre as mulheres tomando por base a emergência da noção de gênero. Explicando melhor, a introdução da categoria gênero desafiou os estudos sobre as mulheres – e não apenas os históricos – a levar em conta o aspecto de que a construção das várias identidades femininas só poderia se processar em relação às identidades masculinas fosse por oposição, de forma hierarquizada, com acento nas desigualdades, fosse por realce apenas nas diferenças.

O que desejo assinalar é que, como resultado do processo de colonização, as sociedades do Novo Mundo se colocam como objetos mais do que favoráveis às abordagens que buscam enfatizar o caráter relacional, com ênfase nas diferentes culturas, etnias, organizações societárias, fornecendo parâmetros para os estudos voltados para o gênero, temas e perspectivas que foram considerados, com maior ou menor êxito, na expressiva produção historiográfica voltada para os estudos da escravidão no Brasil, com destaque as mulheres que viveram a experiência do cativeiro e de suas descendentes.

O assunto é por demais vasto para ser considerado aqui. Por hora, desejo apenas registrar que os estudos que considero mais profícuos são aqueles que pretendem combinar as práticas culturais específicas, variando de região para região, de que são portadoras as mulheres escravas com a redefinição dessas mesmas práticas a partir das condições de cativeiro no novo mundo.[56] A importância de tal consideração pode ser exemplificada nas informações das divisões estamentais do trabalho, que se verificavam principalmente na África Ocidental, baseadas nas distinções de gênero.

Ressalte-se, ainda, que o tema parece privilegiado, no caso do Brasil, para demonstrar o quanto equivocadas são as concepções de que a maior ou menor mobilidade e participação das mulheres na sociedade obedece a uma linha sequencial ou evolutiva marcada pela crescente participação feminina no espaço público.

---

[56] Sob o risco certo de cometer omissões, gostaria de mencionar dois trabalhos que me parecem significativos acerca do tema, perspectiva por mim assinalada: PAIVA, Eduardo França. Escravidão e universo cultural na colônia: Minas Gerais, 1716-1789. Belo Horizonte: UFMG, 2001 e FARIA, Sheila de Castro. FARIA, Sheila de Castro. Sinhás pretas: acumulação de pecúlio e transmissão de bens de mulheres forras nos sudeste escravista (sécs. XVIII e XIX). In: SILVA, Francisco Carlos Teixeira da, MATTOS; Hebe Maria; FRAGOSO, João (Orgs.). *Escritos sobre História e Educação*. Homenagem a Maria Yedda Leite Linhares. Rio de Janeiro: Mauad/Faperj, 2001, p. 289-329. Desse último trabalho, e a título de ilustração, extraí a seguinte passagem localizada à página 292: "Quero crer que suas opções [das forras de contemplarem outras mulheres e ex-escravas em testamento]... foram ditadas por experiências mais profundas e que as escolhas faziam parte do universo cultural de suas terras de origem, embora tivessem como limite a realidade da sociedade escravista do Brasil que, com certeza, elas também ajudaram a construir". Mais curioso ainda quando se identificam o que parecem ser persistências hodiernas desse fenômeno: Na Nigéria, na década de 1960, as mulheres ocupavam um importante papel no comércio, ainda que subestimado pelos censos, demonstrando a persistência histórica das mulheres da África Ocidental nas atividades comerciais: "Polly Hill escreveu sobre o 'comércio secreto' de grãos das mulheres Hauçã, que opera através de um 'mercado labiríntico', equivalente a um mercado rural formal". HIIL, Bridget. Para onde vai a história da mulher? História da mulher e história social – juntas ou separadas? *Varia Historia*, Belo Horizonte, n. 14, p. 61, set./95.

Outro bom exemplo de que é o contexto histórico que define a maior ou menor autonomia alcançada pelas mulheres é o observado em estudos que comparam as relações de gênero na sociedade escravista e aquelas verificadas no contexto de plena vigência do trabalho livre:

> até que ponto as regras de domínio senhorial, ou sua lógica de dominação, teriam sido estendidas para o convívio entre os gêneros – e qual a sua eventual influencia ou permanência em um certo olhar masculino sobre diferentes mulheres...? De que maneira a ideologia racial que se reforça e amplia no século XIX brasileiro estaria presente na maneira de conceber normalidade ou anormalidade entre mulheres diferentes no início do século XIX? Quais os espaços de ambiguidade e de escolhas femininas em uma sociedade e em um tempo como estes? Quais as pontes ou quais os abismos que separam ou aproximam parcelas tão díspares da experiência feminina?"[57]

Um balanço mais detido da produção historiográfica sobre as mulheres no Brasil seria impossível no âmbito desse trabalho. Assim, limitar-me-ei a assinalar algumas linhas gerais dessa produção, mesmo sob o risco de incorrer em esquematismos.

O reconhecimento de que muitos dos estudos sobre as mulheres no Brasil apresentaram como marco cronológico os séculos XVIII e XIX não deve encobrir o fato de que, sobretudo na década de 1970, o trabalho feminino, com destaque para o fabril, ocupou a atenção de vários historiadores das mulheres. Já na década de 80, também no âmbito da temática do trabalho e sob a influência do marxismo inglês, representado por E. P. Thompson, consolidou-se uma abor-

---

[57] CUNHA, Maria Clementina Pereira da. De historiadoras, brasileiras e escandinavas: loucuras, folias e relações de gênero no Brasil (século XIX e início do XX). *Tempo*, Rio de Janeiro, n. 5, 1988, p. 189.

dagem baseada no que se convencionou chamar de "cultura de resistência". O espaço urbano e os séculos XVIII e XIX foram os marcos espaciais e cronológicos privilegiados. No que diz respeito aos temas abordados, destacaram-se, no último caso, "o papel feminino na família, relações vinculadas ao casamento, à maternidade, à sexualidade; interseção entre o privado e o público, entre o individual e o social, o demográfico, o político e o erótico"[58].

As principais fontes que permitiram tais reconstituições históricas foram aquelas produzidas pelo Estado e pela Igreja. Já os estudos que se circunscreveram ao final do XIX e ao XX deram destaque à educação feminina, à disciplinarização, aos padrões de comportamento, aos códigos de sexualidade e à prostituição, para a efetivação dos quais foram essenciais as fontes judiciárias e médicas (MATOS, 2000, p. 14).

As opções temáticas valeram ao conjunto dessa produção a crítica de que "as teses defendidas sobre as questões que envolvem a mulher, incidem mais sobre a história da família, do casamento ou da sexualidade do que sobre a mulher"[59]. Mas as críticas não pararam por aí e se centraram em três pontos específicos que mostram como os debates internacionais sobre o campo de conhecimento em questão repercutiram no Brasil.

O primeiro, o de como uma expressiva produção dos historiadores das mulheres em nosso país adotou concepções essencialistas sobre a mulher (assim mesmo, referidas no singular): "Talvez uma parte da historiografia brasileira sobre relações de gênero mantenha ainda... a ideia de signos comuns, atemporais e universais, compartilhados por todas as

---

[58] MATOS, Maria Izilda S de. *Por uma história da mulher*. São Paulo: Edusc, 2000, p. 14.

[59] PRIORE, Mary Del. História das mulheres: as vozes do silêncio. In: FREITAS, Marcos Cezar de (Org.). *Historiografia brasileira em perspectiva*. São Paulo: Contexto, 1998, p. 226.

mulheres"[60] o que seria fruto de um "entusiasmo militante" que "[impôs] a ideia de uma identidade de gênero pouco flexível, quase destituída do conteúdo necessariamente relacional que lhe dá sentido – bandeira política transformada em instrumento de análise do qual temos dificuldade de nos livrar"[61]. O segundo, o que se refere à impossibilidade de se tratar o tema sem considerar as questões levantadas pela história social, principalmente aquelas que dizem respeito à classe e à raça: "Há uma experiência das mulheres que transcenda os limites de classe e raça?[62]" interroga Maria Clementina Pereira da Cunha. O último, e já considerado logo acima, o de que as análises não foram capazes de incorporar as contribuições trazidas pela introdução da categoria gênero, que, na América Latina, data da década de 1980, confinando-se ao campo da história das mulheres.

---

[60] CUNHA, Maria Clementina Pereira da. De historiadoras, brasileiras e escandinavas: loucuras, folias e relações de gênero no Brasil (século XIX e início do XX). *Tempo*, Rio de Janeiro, n. 5, 1988, p. 188.

[61] CUNHA, Maria Clementina Pereira da. De historiadoras, brasileiras e escandinavas: loucuras, folias e relações de gênero no Brasil (século XIX e início do XX). *Tempo*, Rio de Janeiro, n. 5, 1988, p. 213.

[62] CUNHA, Maria Clementina Pereira da. De historiadoras, brasileiras e escandinavas: loucuras, folias e relações de gênero no Brasil (século XIX e início do XX). *Tempo*, Rio de Janeiro, n. 5, 1988, p. 93.

CAPÍTULO III

História das mulheres: fontes, temas e abordagens

> A dificuldade do historiador [da história das mulheres e de gênero] está mais na fragmentação do que na ausência da documentação.
> Rachel Soihet. *Enfoques feministas e a História*: desafios e perspectivas, p. 102.

A emergência do campo da história das mulheres contribuiu para revelar a potencialidade das fontes documentais ditas oficiais para o estudo do feminino e das relações de gênero na História, revalorizando-as. Ao mesmo tempo, demonstrou a importância de uma série de registros documentais considerados não convencionais para a reconstituição dos processos em que as mulheres aparecem como agentes, com maior ou menor ênfase no caráter relacional entre os sexos.

Neste capítulo, tomando as fontes documentais como ponto de partida, pretendo tecer algumas considerações acerca dos métodos, dos temas e das abordagens presentes na história de gênero e das mulheres[1]. Importa assinalar que

---

[1] Outra possibilidade seria a indicação de uma bibliografia mais exaustiva sobre o assunto, que desse conta dos temas mais recorrentes, dos aspectos inter e transdisciplinares que envolveram a matéria. A existência de excelentes levantamentos dessa natureza, inclusive para o Brasil, levou-me a optar pelo caminho exposto nesta primeira parte do capítulo. O leitor que tiver especial interesse acerca da

não houve preocupação em esgotar a potencialidade dos conjuntos documentais relacionados a seguir. Nem poderia ser de outra forma, uma vez que a "vastidão da empresa" não caberia nos limites de um único capítulo. Nem de muitos. Pois trata-se de reconhecer que a consolidação desse campo de conhecimento significou uma verdadeira "revolução" no uso das fontes documentais à disposição dos interessados.

Não há como desconhecer, também, que a tarefa trás embutida um sério dilema: ou é por demais seletiva ou interminável. Inevitavelmente, o primeiro risco é o que nos espreitará a cada passo. Minha experiência como docente e pesquisadora foi o critério que adotei para as escolhas que me guiaram na seleção que apresento a seguir. Trata-se de opções pessoais, portanto, mas suponho que não arbitrárias, nem aleatórias. Espero que as várias lacunas que, inevitavelmente, se verificarão ao longo do texto sirvam para reavivar no leitor, que certamente evocará suas próprias experiências para complementá-las, a riqueza dos campos abertos pela história das mulheres e de gênero, ao se consolidarem como áreas de pesquisa nas duas últimas décadas.

A atenção conferida às fontes documentais produzidas no espaço privado, com base nas mudanças introduzidas no fazer historiográfico, principalmente com a História Social, a História Cultural e a Nova História, mostrou-se como uma das mais promissoras para o estudo da história das mulheres. Potencializadas pela crescente aceitação de que o exercício do poder político não se limitava apenas ao espaço público, ao âmbito do Estado, tais fontes foram essenciais para evidenciar os contrapoderes exercidos pelas mulheres nos "recônditos do

---

bibliografia sobre história das mulheres e gênero, poderá consultar, entre tantos outros, os trabalhos de PRIORE, Mary Del. História das mulheres: as vozes do silêncio. In: FREITAS, Marcos Cezar de (Org.). *Historiografia brasileira em perspectiva*. São Paulo: Contexto, 1998 e MATOS, Maria Izilda S de. *Por uma história da mulher*. São Paulo: Edusc, 2000, p. 14-33.

lar", junto à família, no exercício de atividades e ocupações que, grosso modo, surgiam como extensão daquelas realizadas no espaço doméstico, no interior das comunidades onde atuaram, com diferentes características, em se tratando de áreas urbanas ou rurais.

Um bom exemplo ressaltado pela historiografia é o da história da educação. À constatação de que o professorado era composto, em sua maioria, por mulheres e de que sobretudo essas, às quais se facultou o acesso à educação formal – cujo grau máximo, pelo menos no Brasil até as primeiras décadas do século passado, era a Escola Normal – exerciam um tipo de escrita típicas do espaço privado, como diários, cartas, memórias, biografias, enfim, o que se poderia chamar, de acordo com Ângela de Castro Gomes, de "escrita de si", tornou esse um dos campos privilegiados para o estudo das mulheres[2].

Tal contribuição, por sua vez, não se limita à reconstituição da história do ensino, objeto importante para a abordagem da história de gênero – com seu longo processo de educação diferenciada de acordo com os sexos e do inequívoco privilegiamento dos homens no que dizia respeito ao acesso ao ensino mais especializado –, mas também à reconstituição da história de escrita, da leitura, da recepção, campos que, nos últimos anos, vêm merecendo cada vez mais a atenção dos historiadores[3].

Por seu caráter privado (ainda que tais características não sejam exclusivas das fontes produzidas nesse espaço que se confunde com o âmbito doméstico, ainda que não se reduza a ele), essas fontes se distribuem como um "mosaico de pequenas referências esparsas", forçando a adoção de

---

[2] GOMES, Ângela de Castro. A título de Prólogo. In: GOMES, Ângela de Castro (Org.). *Escrita de si e escrita da História*. Rio de Janeiro: FGV, 2004, p. 9.

[3] O destaque aqui fica para os trabalhos do historiador francês Roger Chartier.

métodos específicos do qual talvez seja um bom exemplo o *paradigma indiciário*, formulado por Carlo Ginzburg[4], ainda que não especificamente para a abordagem da história das mulheres, entre uma gama variada de opções.

A releitura de um conjunto de documentos reputados como "oficial" também propiciou avanços na compreensão do multifacetado universo das mulheres. Sem a expectativa de sermos exaustivos, poderíamos citar uma lista considerável de fontes, umas mais originais, outras submetidas à valorização de aspectos antes desprezados, que se mostram úteis à história das mulheres e de gênero: legislação repressiva, fontes policiais, ocorrências, processos-crime, ações de divórcios, canções, provérbios, literatura e produção de cronistas, juristas, médicos, memorialistas e folcloristas, correspondências, memórias, manifestos, diários, material iconográfico, fontes eclesiásticas, jornais, revistas femininas, documentação oficial, cartorial e censos, bem com a história oral, que vem sendo utilizada intensamente e de maneira original, contribuindo para resgatar as vozes que, de outra forma, estariam condenadas ao anonimato e recuperando a "história vinda de baixo".

Com as fontes, multiplicam-se as interpretações e os temas abordados dos quais são exemplos as "expressões culturais, modos de vida, relações pessoais, redes familiares, étnicas e de amizade entre mulheres e entre mulheres e homens, seus vínculos afetivos, ritos e sistemas simbólicos, construção de laços de solidariedade, modos e formas de comunicação e de perpetuação e transmissão das tradições, formas de resistência e lutas até então marginalizadas nos

---

[4] "Carlo Ginzburg... nos fala de um *paradigma indiciário*, método este extremamente difundido na comunidade acadêmica.... Qual Sherlock Holmes, [o historiador] enfrenta o desafio do passado com atitude dedutiva e movido por suspeita: vai em busca de traços, de pegadas como um caçador, de vestígios, como um policial". PESAVENTO, Sandra Jatahy. *História e História cultural*. Belo Horizonte: Autêntica, 2003, p. 63.

estudos históricos, propiciando um maior conhecimento sobre a condição social da mulher"[5].

Reafirmando meu propósito, neste capítulo, partindo de uma pequena amostra da bibliografia sobre a história das mulheres e de fontes primárias impressas selecionadas, buscarei dar exemplos que apontem o acerto da conclusão a que chegaram vários trabalhos sobre o tema acerca da impropriedade de se falar não apenas em uma "condição feminina", como também de se supor que a situação da mulher (sempre no singular) praticamente não se alterou ao longo da História ou, o que é muito parecido, traduziu-se em um processo paulatino de conquista de autonomia, sem apresentar retrocessos ou reorientações relacionadas às mudanças históricas ocasionadas por diferentes tipos de organização social. A ênfase recairá sobre a historiografia brasileira, ainda que não me prive de recorrer a exemplos, não apenas da história dos países da Europa e dos Estados Unidos, mas também da Rússia e até do Oriente.

Também, quando possível, buscarei apontar aspectos interdisciplinares da história das mulheres e de gênero, principalmente com a antropologia, a psicanálise e a literatura.

Ainda que para alguns historiadores o acúmulo de estudos monográficos sobre as mulheres, como o que se verificou principalmente na última década, não tenha significado que a história das mulheres, na maioria das vezes sem levar em conta o aspecto relacional entre os sexos (como proposto pela introdução da categoria gênero), tenha deixado de ser "um apêndice, um complemento da História dos homens", não resta dúvidas de que a o aprofundamento da pesquisa empírica se tornou indispensável para a "constituição de sujeitos

---

[5] MATOS, Maria Izilda S de. Outras histórias: as mulheres e estudos dos gêneros – percursos e possibilidades. In: SAMARA, Eni de Mesquita; SOIHET, Rachel; MATOS, Maria Izilda S de. *Gênero em debate*: trajetória e perspectiva na historiografia contemporânea. São Paulo: Educ, 1997, p. 103.

históricos, analisando as transformações por que passaram e como construíram suas práticas cotidianas",[6] contribuindo para a superação da "penúria de fatos" com que se deparam os historiadores das mulheres.

Procurando reafirmar o que foi dito no capítulo anterior, ressaltarei como as pesquisas em torno da história das mulheres e de gênero condicionam o estabelecimento de novas estratégias metodológicas, bem como a redefinição da relação espaço tempo, uma vez que, como afirma Mary Del Priore em artigo já citado, as mulheres, sobretudo quando circunscritas ao espaço doméstico, são depositárias "de um presente sem passado, de um passado descomposto, disperso, confuso"[7].

Biografias ou depoimentos biográficos como fonte e como produção historiográfica

Um dos desdobramentos do que se pode considerar a "fase mais heroica" do movimento feminista (1970-80) na produção acadêmica no campo da história da mulher foi sem dúvida o da reconstituição de biografias, ou de traços biográficos, de mulheres célebres, com o objetivo, nem sempre formulado explicitamente, de enaltecer a participação das mulheres na História, mas, em geral realçando aquelas situações em que essas ocuparam papéis tradicionalmente associados a modelos e valores masculinos.

O gênero, obviamente, não era novo e se inseria no processo de produção de fontes privadas, de uma "escrita autorreferencial" datada do século XVIII, quando "indivíduos

---

[6] MATOS, Maria Izilda S de. *Por uma história da mulher*. São Paulo: Edusc, 2000, p.21.

[7] PRIORE, Mary Del. História das mulheres: as vozes do silêncio. In: FREITAS, Marcos Cezar de (Org.). *Historiografia brasileira em perspectiva*. São Paulo: Contexto, 1998, p. 217.

'comuns'" passaram a produzir, deliberadamente, uma memória de si. Um processo que é assinalado pelo surgimento, em língua inglesa, das palavras biografia e autobiografia, no século XVII, e que atravessa o século XVIII e alcança seu apogeu no XIX"[8]. Entre esses indivíduos comuns, os homens eram maioria entre os (auto) biografados. O que talvez explique o fato de que o relato autobiográfico da romancista sueca Victoria Benedictson tenha chamado mais atenção do que sua própria produção literária.

Escrita entre 1870 e 1880, aproveitando-se das notas extraídas de seu diário, Victoria revela em sua biografia, particularmente, as dificuldades de seu casamento burguês. A redação de uma autobiografia (a meio caminho desse tipo de registro e o diário) foi a forma que a escritora encontrou para resistir ao desempenho do papel de "rainha do lar" (ainda que não das mais típicas, se se considera seu trânsito pelos círculos literários da época), desconfortável com o papel de dona de casa submissa que esperavam dela.

Sua autobiografia serviu como fonte a abordagens psicanalíticas que ressaltavam seu sentimento de inadequação por ser considerar "um homem castrado... prisioneira no corpo de uma mulher". Além dessas, Victoria deixou registrada em sua autobiografia muitas outras manifestação das dificuldades na construção da identidade feminina/masculina, sobretudo no interior das classes médias altas brancas numa época de transição, quando se iniciava, num processo que não se completou até os dias de hoje, a dissociação entre natureza e anatomia na distinção dos modelos feminino e masculino, tão imperativa nos séculos precedentes[9].

---

[8] GOMES, Ângela de Castro. A título de Prólogo. In: GOMES, Ângela de Castro (Org.). *Escrita de si e escrita da História*. Rio de Janeiro: FGV, 2004, p. 11.

[9] GAY, Peter. *A experiência burguesa*: da rainha Vitória a Freud. A educação dos sentidos. São Paulo: Companhia das Letras, 1988, p. 89.

Nas primeiras décadas do século XX, se relembrarmos o debate travado entre Virgínia Woolf e o *Falcão Afável*, que procurei reconstituir brevemente no capítulo I, veremos a escritora do grupo de Bloomsburry empenhada em se contrapor aos argumentos do seu opositor/resenhista, no debate que travaram na revista New Statesman, em 1920, desfiando uma série de exemplos de mulheres, a começar por Safo, cujas produções artísticas só não se equivaliam quantitativamente ao dos escritores e pintores do sexo oposto pelas restrições impostas por séculos de dominação masculina.

Já a partir dos anos 1950, a disposição em reforçar um dos lemas mais repetidos à época, de que homens e mulheres eram diferentes mas não desiguais, estimulou as abordagens que destacavam as mulheres que alcançaram maior projeção pública. A esse fator, por assim dizer mais político, somou-se uma questão de ordem mais metodológica, a escassez, ou a dificuldade de acesso às fontes pelo menos aquelas que tratassem das "mulheres extraordinárias", o que levou a que esses primeiros historiadores das mulheres se concentrassem em "sumidades femininas": "Não foi por acaso, então, que algumas das mulheres historiadoras, tanto na Inglaterra como na França, em seu desejo de escrever sobre mulheres, tenham-se concentrado em biografias de princesas e rainhas. Estas estavam entre as muito poucas mulheres para quais existiam registros – e registros acessíveis"[10].

O apego a esse tipo de reconstituição, com o propósito apenas de enaltecer o papel exercido por mulheres notáveis, trazia em si uma cilada, ou talvez várias, e a mais perigosa não seria apenas a de relegar as mulheres que não se destacaram nos espaços tradicionalmente masculinos ao limbo da história, mas a de confirmar algo que seria formulado

---

[10] HIIL, Bridget. Para onde vai a história da mulher? História da mulher e história social – juntas ou separadas? *Varia Historia*, Belo Horizonte, n.14, p. 17, set./1995.

claramente alguns anos mais tarde: a carência de estudos sobre as mulheres se devia a seu papel secundário na História.

A situação se mostrava mais promissora, porém, quando numa opção, de certa forma autorreferente, as atenções dos estudiosos voltavam-se para aquelas mulheres que se destacaram na própria luta feminista ou no movimento operário, podendo combinar as duas frentes de batalha em uma única militância, seja ao longo do século XIX, seja no início do século XX. Foi o que ocorreu, também no Brasil, quando os estudos pioneiros tenderam a privilegiar as abordagens sobre aquelas figuras que se revelaram como lideranças na luta pelos direitos civis das mulheres, a exemplo da paulista Berta Lutz, considerada uma das figuras pioneiras do feminismo no Brasil, vice-presidente da Sociedade Pan-Americana da Liga das Mulheres Eleitoras, com batalhas travadas principalmente no campo da imprensa e do Parlamento.

Mas o gênero "biografia de militantes políticas" também poderia guardar outras surpresas e, até mesmo, "ciladas", pelo menos quando o objetivo era destacar o papel "edificante", exemplar que a história de vida dessas mulheres poderia representar para a luta das ativistas do movimento feminista, principalmente quando o estudo de sua atuação pública, por sua biografia, trazia à tona aspectos insuspeitados de sua vida privada. Talvez tenha sido esse o impacto

Reconhecida por sua contribuição teórica para o pensamento de esquerda, Rosa Luxemburgo foi uma das mais destacadas militantes do Partido Social Democrata Alemão. (Fonte:<http://ar.geocities.com/argentinaroja/fotos_rosa.htm>)

causado pelas revelações feitas sobre a militante de esquerda Rosa Luxemburgo (1871-1919), nascida na Polônia, de onde fora expulsa exatamente por sua atuação política. Membro destacado do Partido Social Democrata alemão, Rosa Luxemburgo, em uma correspondência indiscreta, deixou registradas atitudes para com o sexo oposto que pouco se coadunavam com o modelo que se fazia de uma militante revolucionária.

O que mais chamava atenção no comportamento de Rosa não era nem a forma dramática, súplice, e por isso romanesca com que se dirigia à pessoa amada, rebaixando-se a implorar-lhe, sufocada, o regresso. Nem o fato de ela procurar compensar exatamente na cozinha, os atrativos que lhe faltavam para atrair a atenção do pretendido, cozinhando pratos sofisticados. Mas decepção das decepções, sobretudo para as militantes de esquerda: suspeitava-se que Rosa Luxemburgo desviava dinheiro do Partido Social Democrata Alemão para comprar os talheres de prata com os quais serviria os manjares que, presumiam muitos, lhe roubavam um tempo precioso que deveria ser dedicado ao partido.

Certamente, valendo-se dessas revelações, a fé inquebrantável que muitos demonstravam na fórmula tão sintética e elegante do "socialismo ou barbárie" começou a dar lugar a suspeitas. Até mesmo a oposição cerrada que ela fazia à política leninista de incorporação das províncias ligadas à Rússia na "República Soviética" passou a ser motivo de desconfiança. A partir daquelas revelações tão pouco ortodoxas para uma geração de feministas, Rosa era rosa mesmo. Seu vermelho era vacilante, assim como seu modo de caminhar.

Ainda na perspectiva de reconstituição de vida de mulheres militantes, principalmente de esquerda, não há como desconhecer que, pelo menos uma geração de intelectuais "engajados" da década de 1970, sobretudo os interessados em América Latina, para além do valor da fonte por si mesma, recebeu de forma bastante acalorada a autobiografia (ainda que registrada por mãos de terceiras, sob a forma de entrevista) de uma mestiça boliviana, líder popular junto aos operários das minas e da Central Operária Boliviana (COB), Domitila Barrios de Chungara. Em *Se me deixam falar*[11], Domitila, ao narrar os episódios relacionados à sua luta política e sindical, revela, certamente de forma involuntária, evidências de algo que à época deve ter passado de forma despercebida: como a condição de gênero afetava a militância política, inclusive a de esquerda.

Exemplos destacados disso são as passagens em que ela revela as dificuldades em conciliar a condição de militante e mãe, principalmente nos longos períodos passados na prisão onde nasceu um de seus filhos. Uma fonte que, no momento atual da historiografia sobre as mulheres, em que se insiste cada vez mais não apenas na importância em se considerar as relações de gênero, mas, dentro delas, o comportamento de outras variáveis, como etnia e condição social, talvez merecesse ser resgatada.

Pelo menos duas evidências, entre outras que poderiam ser citadas, da historiografia atual produzida no Brasil, de que estaria ultrapassada a fase em que as biografias serviram apenas para eternizar os feitos das mulheres reputadas como célebres, são os trabalhos de Francisca L. Nogueira de Azevedo e de Júnia Ferreira Furtado.

No primeiro caso, ciente de que um trabalho historiográfico que se ocupe de uma única personagem, não por acaso uma princesa, nem necessariamente é tributário de uma historiografia tradicional de cunho positivista – com sua tendência a conferir atenção aos grandes vultos históricos – nem de uma historiografia "militante", interessada em resgatar o "verdadeiro papel que coube às mulheres na história", Francisca Nogueira se lança à tarefa de reconstituir a biografia de Carlota Joaquina, desautorizando os autores que abordaram a personagem baseando-se em posições misóginas.

---

[11] VIEZZER, Moema. Se me deixam falar. Entrevista com Domitila Barrios de Chungara. SP: Símbolo, 1979.

Na busca de realçar os feitos dos heróis fundadores da nacionalidade brasileira, Carlota Joaquina aparece na historiografia, particularmente a do século XIX, tanto no Brasil como em Portugal, não apenas como o exemplo do anti-herói, mas também como a perfeita contraposição aos modelos e representações idealizadas que se faziam da mulher à qual nosso passado deveria ser identificado. Ela, portanto, "para o bem, ou para o mal", não se enquadrava nos cânones do papel feminino, mesmo em uma sociedade de corte e que "ousou enfrentar o mundo dos homens, transgredir as normas sociais de seu tempo. Nunca uma Santa... mas uma mulher com desejos, vigor e ambição para viver de forma radical aquilo que queria e acreditava"[12].

Ao retratar Carlota Joaquina montando como uma donzela – de lado, e não com as pernas enganchadas no cavalo como era de seu costume –, a imagem tenta enquadrá-la aos modelos femininos de sua época.
(Fonte: Quadro equestre de D. Carlota Joaquina. Pintura de Jorge Sampaio de Souza. Em O Museu Imperial. São Paulo: Banco Safra, 1989. p.107. Acervo Museu Imperial, Petrópolis. *Apud.* AZEVEDO, Francisca L. Nogueira de. *Carlota Joaquina na Corte do Brasil.* R.J.: Civilização Brasileira, 2003 (encarte)).

---

[12] AZEVEDO, Francisca L. Nogueira de. *Carlota Joaquina na Corte do Brasil.* Rio de Janeiro: Civilização Brasileira, 2003, p. 22.

As fontes utilizadas por Francisca Azevedo constituem-se, principalmente, da correspondência ativa e passiva de Carlota Joaquina, tanto a trocada oficialmente quanto a pessoal, especialmente para a sua mãe, da qual temos um exemplo na seguinte passagem, escrita a 27 de setembro de 1807, quando a princesa tentava evitar sua vinda, juntamente com a Corte portuguesa, para o Brasil:

> Minha mãe do meu coração, de minha vida, e de minha alma... peço a V. M. que se lembre, e que tenha compaixão desta pobre filha, pois me vejo rodeada de oito filhos, e estes pobres inocentes não têm culpa de nada; e tenha compaixão deles, mais que de mim, pois são seus netos; eu e eles sob o amparo e proteção de V.V. M. M. e, eu descansada na bondade de V.V.M.M. pois se eu morrer, ficam meus filhos amparados.[13]

No caso de *Chica da Silva*, Júnia Furtado também deixa clara sua disposição de desconstruir mitos criados em torno de figuras femininas[14]. Além de inserir o estudo da personagem no universo mais geral das relações familiares e de gênero no Tejuco, na busca de apresentá-la não com exotismo nem como uma exceção, mas procurando entendê-la em seu contexto histórico, considerando os aspectos de sua trajetória que permitem esclarecer o universo das demais mulheres de seu tempo, as conclusões a que chega a autora apresentam pontos de contato com o trabalho de Francisca Azevedo sobre Carlota Joaquina:

---

[13] AZEVEDO, Francisca L. Nogueira de. *Carlota Joaquina na Corte do Brasil*. Rio de Janeiro: Civilização Brasileira, 2003, p. 25.

[14] FURTADO, Júnia Ferreira. Chica da Silva e o contratador dos diamantes: o outro lado do mito. São Paulo: Companhia das Letras, 2003. Não deixa de ser curioso o fato de que ambas se tornaram tema de filme: *Chica da Silva* dirigido por Cacá Diegues, de 1976, e *Carlota Joaquina, Princesa do Brasil*, de Carla Camurati, de 1995.

Ao contrário do que se costuma pensar, como outras mulheres forras de seu tempo, Chica não foi rainha ou bruxa e sua atuação junto à elite branca do arraial do Tejuco foi sempre conservadora, procurando usufruir das vantagens que sua nova inserção nessa sociedade podia lhe oferecer. Ao longo de sua vida, procurou diminuir o estigma que a cor e a escravidão lhe impuseram, promovendo a ascensão social de sua prole. Para isso, ela dispôs da influência e da riqueza de seu companheiro.[15]

Estudos como o de Júnia Furtado contribuem para lançar luz a uma demanda expressa por Michelle Perrot e Georges Duby na Introdução ao *História das mulheres no Ocidente*: a da importância de se estudar o impacto da colonização no Novo Mundo sobre as relações entre sexo e raça.

Fronteiriços com os trabalhos biográficos são aqueles que se dedicam à reconstituição de histórias de vida. Eles contribuem para mostrar que, mudando-se o enfoque e a natureza dos sujeitos abordados, bem como as metodologias, agora mais próximas da Antropologia, em especial das "descrições densas" propostas por Clifford Geertz,[16] as fontes para a reconstituição de biografias de mulheres "comuns" são inesgotáveis, com destaque para as informações que podem ser recolhidas das fontes ditas oficiais, como inventários, testamentos e tantas outras.

Foi o que procurei fazer em minha tese de doutorado, principalmente valendo-me das ações de liberdade, um tipo de fonte cartorial gerada por processos movidos, no

---

[15] FURTADO, Júnia Ferreira. Família e relações de gênero no Tejuco: o caso de Chica da Silva. *Varia Historia*, Belo Horizonte, n. 24, p. 44, jan./2001.

[16] A descrição densa aproximaria o trabalho do historiador daquele desenvolvido pelo etnógrafo preocupado em seu trabalho de campo, não apenas em descrever as tradições de um "país estranho" ("os cavaleiros berberes, os comerciantes judeus, os legionários franceses"), mas em interpretá-lo em sua "teia de significados". GEERTZ, Clifford. *A interpretação das culturas*. Rio de Janeiro: LTC, 1998, Capítulo I.

caso que nos interessa, por forras que se viam sob ameaça de reescravização, fosse por disputas entre herdeiros por ocasião da morte de seus antigos proprietários, fosse pela alegação de não terem cumprido as exigências feitas para que se tornassem libertas.[17]

Na mesma direção, mas privilegiando os testamentos e inventários como fonte, temos a reconstituição de histórias de vidas de mulheres forras que lograram adquirir fortunas que lhes permitiram um espaço próprio de autonomia nas Minas setecentistas. Refiro-me, aqui, aos trabalhos de Eduardo França Paiva, *Escravidão e universo cultural na colônia; Minas Gerais, 1716-1789* e *Escravos e libertos nas Minas Gerais do século XVIII; estratégias de resistência através dos testamentos.*[18]

Noções sem dúvida bastante amplas do que seja o gênero *biografia*, variando entre uma perspectiva mais tradicional da personagem que se destaca por sua excepcionalidade, até o resgate de pessoas simples que permaneceriam anônimas não fosse a possibilidade de resgatar-lhes, muitas vezes de forma fragmentária, aspectos de sua vida, de seu cotidiano.

Cartas e diários

Juntamente com as autobiografias, as cartas e os diários compõem um subgênero conhecido como "literatura do íntimo". As cartas pessoais, por serem manifestação por excelência do âmbito do privado, têm sua escrita associada

---

[17] GONÇALVES, Andréa Lisly. *As margens da liberdade*: práticas de alforrias em Minas Gerais colonial e imperial. São Paulo: USP, 2000. (Tese de doutorado).

[18] PAIVA, Eduardo França. *Escravidão e universo cultural na colônia;* Minas Gerais, 1716-1789. Belo Horizonte: Ed. da UFMG, 2001 e *Escravos e libertos nas Minas Gerais do século XVIII;* estratégias de resistência através dos testamentos. São Paulo: Anablume, 1995.

às mulheres, sobretudo em finais do Setecentos e ao longo de todo o século XIX. Apesar de prevalecer a prática missivista anônima e cotidiana, características que não a torna menos importante, principalmente pelos novos espaços de sociabilidade que elas constituem, a correspondência de muitas mulheres veio à tona, principalmente quando se tratava daquelas personagens influentes, muitas delas voltadas para a literatura. Nesses casos, a correspondência trocada servia para estabelecer uma teia de relações, essencial para que as mulheres de "talento" se ilustrassem: "Sob a aparência de escrito íntimo, a carta circula e torna-se a um tempo instrumento de informação, terreno de reflexão e jogo com todos os gêneros"[19].

É claro que os homens foram excelentes missivistas e não se trata de estabelecer comparações entre o que aproxima e o que distancia os gêneros quando o assunto é a troca de correspondência (apesar de se tratar de tarefa de grande interesse, inclusive para esse trabalho, mas, por hora, inexequível), mas de ressaltar como esse tipo de fonte – e não exclusivamente quando produzido por mulheres – contribui para o estudo da história das mulheres.

A intensificação da prática epistolar no século XIX é de tal forma sensível que se fazem notar as tentativas de enquadrá-la, entre os extratos superiores, em seus ínfimos detalhes, contemplando aqueles que tocam às diferenças de gênero. Assim, no Código do Bom-Tom, manual de comportamento e etiqueta escrito pelo Cônego José Inácio Roquete, fonte documental à qual retornaremos, publicado pela primeira vez em Portugal, em 1845, e que teve sucessivas edições, tendo boa acolhida também no Brasil, estabelece-se que "o papel dourado e perfumado, o guarnecido de tarjas de cor,

---

[19] DERMALE, Marie-Claire Hoock. Ler e escrever na Alemanha. In: DUBY, Georges; PERROT, Michelle. *Histórias das mulheres no Ocidente*. Porto: Afrontamento, 1991, p. 192.

ou transparentes, o de cor terna, é destinado para as senhoras moças[20]".

O mais importante a ressaltar, porém, é que as mulheres, ao se inserirem nas diversas manifestações do escrito, num processo que se inicia pela correspondência para chegar à literatura e à imprensa, acabam atingindo e exercendo alguma influência sobre o espaço público, que, mais do que um espaço material, é uma esfera modelada pela circulação da palavra.

A correspondência, a literatura e a imprensa são os meios através dos quais as mulheres foram conquistando o espaço público. Abigail de Andrade *Mulher sentada diante de uma escrivaninha,* 1889. Óleo sobre tela. *O Brasil do século XIX na Coleção Fadel.* Rio de Janeiro: Edições Fadel, 2004, p.156.

O incremento da troca de correspondências seguia o avanço da infraestrutura de transportes, exigido pela intensificação do capitalismo, experimentando um crescimento exponencial com a implantação das estradas de ferro. As comunicações mais rápidas, pré-requisito para o estabelecimento de contratos e para a agilidade nos negócios, demandavam a abertura de agências de correio com a consequente ampliação da malha postal. Às mulheres reservava-se a tarefa de manter os parentes mais distantes informados do dia a dia da família,

---

[20] ROQUETE, José Inácio. *Código do bom-tom*: ou Regras de civilidade e de bem viver no século XIX. São Paulo: Companhia das Letras, 1997. Organização de Lilia Moritz Schwarcz, p. 270.

Favorecidas pelo desenvolvimento das estradas de ferro e dos correios, as correspondências assumem amplitude considerável no século XIX.
A má notícia. Óleo sobre tela de Belmiro de Almeida, 1897.
(Fonte:<http.//www.cultura.mg.gov.br/museu/news/news abertura>)

enviar e receber "notícias frescas". Surge, assim, certa especialização feminina na tarefa de secretariar, mantendo os laços da vida da família. O que talvez ajude a explicar o porquê de até recentemente, mesmo em se tratando de empresas maiores, o papel de secretária ser quase sempre dito assim, no feminino.

É claro que o desempenho da tarefa epistolar não seria possível sem que se assistisse, ao longo do século XIX, a um processo extensivo de alfabetização que atingirá de forma desigual os diferentes países, e que será responsável, como já se disse, pelo recrutamento de professoras entre as mulheres, inclusive as de renda menos elevada.

No Brasil, algo semelhante a esse tipo de fonte é a correspondência trocada entre Dona Maria Bárbara Garcez Pinto de Madureira, senhora do engenho baiano de Aramaré, "opulenta, vigorosa e ruiva", com seu marido Luis Paulino d'Oliveira França enquanto esse se encontrava em Portugal como deputado pela Bahia nas Cortes de Lisboa (Assembleia Constituinte instalada após a "Revolução do Porto", em 1820).

As "notícias frescas" que Dona Bárbara enviava a seu marido (que, pela demora da travessia entre Brasil e Portugal, que variava de seis a sete meses já não chegavam tão viçosas assim) diziam respeito, principalmente, aos efeitos desencadeados pela Guerra da Independência da Bahia entre os escravos das propriedades rurais. Os cativos cujas estratégias variavam de acordo com a origem étnica de cada grupo, disposta, grosso modo, em africanos e crioulos, pareciam mobilizados e prontos a se aproveitarem das divisões entre os proprietários e da situação de instabilidade resultante do embate das tropas portuguesas e "brasileiras".

Observadora arguta, entre uma notícia e outra sobre a rotina da vida familiar, da saúde dos filhos e dos netos, ela mostrava lucidez, ao informar a seu marido que discordava da avaliação feita por outros senhores de engenho acerca da mobilização dos escravos, alertando que os crioulos e os pardos (escravos nascidos no Brasil, os segundos mestiços) eram mais perigosos que os africanos, pela capacidade de associar o movimento que libertaria o Brasil de Portugal com a possibilidade de eles próprios tornarem-se livres. No caso de Dona Maria Bárbara, como também no da viscondessa do Arcozelo, como se verá – e que seria característico da aristocracia escravista brasileira –, seu mundo doméstico incluía a supervisão da propriedade e o "governo dos escravos", sobretudo na ausência do marido[21]. Um mundo distinto do das classes médias europeias em ascensão na Europa.

Ao contrário do que se observou com as biografias e as autobiografias, sejam as que abordam personagens femininos, sejam as que tratam de figuras masculinas, que experimentam crescimento inigualável nos dias atuais, a troca de correspondência, e aqui me refiro às formas convencionais, não àquelas que se servem dos meios eletrônicos, caíram, de maneira geral, em desuso (ainda que estejam longe de desaparecer), o que se revela pelas palavras que abrem o livro *O feminino*

---

[21] FRANÇA, Antônio O. Pinto de (Org.). Cartas baianas, 1822-1824. São Paulo: Companhia Editora Nacional, 1980.

e o Sagrado, fruto da correspondência estabelecida entre duas intelectuais europeias, a ensaísta e escritora francesa Catherine Clément e a psicanalista e semióloga Julia Kristeva, nascida na Bulgária, mas que vive em Paris desde 1966: "Ninguém escreve mais cartas", escreveu Julia Kristeva, do que discordou Clément "Ainda se escreve sim". A insistência de Clément, além de resultar no belíssimo livro que aborda a questão dos gêneros, referida ao sagrado, ainda suscitou algumas considerações de Kristeva sobre a prática epistolar: "Gênero arcaico? Não, espaço de precisão. Artifício? Talvez, mas o espaço da sinceridade também"[22].

Os diários pessoais, por sua vez, tornaram-se moda febril em vários países do mundo ocidental no século XIX. Apesar de pertencerem, conforme observado logo acima, ao subgênero "literatura do íntimo", os diários têm uma diferença marcante em relação às cartas: pelo menos em princípio, e, sobretudo conquanto registro da vida íntima, e não como anotações de reflexões literárias, filosóficas, etc., não foram escritos para serem lidos até mesmo pelo círculo mais íntimo que gravitava em torno de seus autores. Afinal, e a redundância é proposital, os diários eram o produto de uma cultura que não media esforços para manter assuntos privados em âmbito privado.

Constatando que esse tipo de registro foi produzido de forma mais abundante nos Estados Unidos e nos países europeus, nestes últimos, principalmente naqueles onde, à semelhança do que ocorria na América do Norte, se professava a religião protestante, autores como Evaldo Cabral de Melo se ocuparam em buscar as razões para que tal ocorresse. O historiador pernambucano sugeriu como explicação para o fenômeno exatamente fatores de ordem religiosa, já

---

[22] CLÉMENT, Catherine; KRISTEVA, Julia. O feminino e o sagrado. Rio de Janeiro: Rocco, 2001, p. 9.

sugeridos por Gilberto Freyre. Desse modo, "ao passo que no catolicismo o exame da consciência está tutelado na confissão pela autoridade sacerdotal, no protestantismo ele não está submetido a interposta pessoa", do que resultava que "o católico podia recorrer ao confessionário", enquanto ao protestante "só restava o refúgio do papel"[23].

A "febre" dos diários teria contagiado principalmente as mulheres. As folhas em branco poderiam receber anotações que, mesmo nos países católicos, não seriam motivo de conversa no confessionário, como as feitas por uma dona de casa norte-americana de nome não revelado, que, em 1880, se queixava dos efeitos que o reforço do espaço doméstico, característico da "era vitoriana", havia representado em relação ao "verdadeiro trabalho de Sísifo que era sua tarefa doméstica". Não sem ironia, o historiador que revelou a fonte observou que "muitas mulheres pareciam utilizar o diário para se queixarem do tédio e não apenas para registrar fatos espetaculares (ou até mesmo para se queixarem da falta de oportunidade para que eles ocorressem)"[24].

Outras, porém, como Mabel Loomis Todd, mulher de classe média norte-americana que viveu entre 1867 e 1932, citada pelo mesmo historiador, demonstrava "desinibição" suficiente para manter em dia, e com níveis excessivo de detalhes, o registro de sua vida erótica, a ponto de surpreender o profissional habituado com o tratamento da fonte: "Pode ser que o diário tenha se tornado muito comum no século burguês, porém eis decerto um registro incomum"[25]. Talvez

---

[23] MELLO, Evaldo Cabral de. O fim das casas grandes. In: NOVAIS, Fernando A. (Coord.); ALENCASTRO, Luiz Felipe de (Org.). *História da vida privada no Brasil*. Império: a corte e a modernidade nacional. São Paulo: Companhia das Letras, 1997, p. 386.

[24] GAY, Peter. *A experiência burguesa*: da rainha Vitória a Freud. A educação dos sentidos. São Paulo: Companhia das Letras, 1988, p. 130.

[25] GAY, Peter. *A experiência burguesa*: da rainha Vitória a Freud. A educação dos sentidos. São Paulo: Companhia das Letras, 1988, p. 61.

o que se explicasse pela facilidade com que Mabel Loomis Todd transitava pelo espaço público, não tendo que se queixar do peso das tarefas domésticas, como fez sua conterrânea anônima. Afinal, coube a ela a primazia de reconhecer as qualidades literárias e de publicar os poemas da renomada escritora Emily Dickinson (1830-1866).

O registro de Mabel Todd era sem dúvida incomum, mas não exclusivo. Anotações de natureza tão íntimas quanto as feitas por elas foram encontradas nos diários de Barbara Suslova, feminista russa, à qual já se fez menção no primeiro capítulo. Irmã da primeira mulher a graduar-se em Medicina na Rússia e também feminista ativa, Nadejda, e filha de um servo emancipado, Bárbara Suslova, que também havia sido professora, tornou-se jornalista e não hesitava em expor suas divergências em relação à opinião pública convencional, desdenhando, principalmente, das ideias sustentadas por esses porta-vozes do conservadorismo com referência às relações entre os sexos. Missivista ativa, Suslova tinha o hábito de transcrever suas cartas pessoais como as enviadas para Fiódor Dostoievski em seu diário, bem como "as oscilações próprias de suas próprias emoções instáveis" e os encontros do casal nos quartos de hotéis em suas viagens pela Europa[26].

Se fatores como o catolicismo ajudam a explicar o porquê de os diários serem tão escassos no Brasil, ele não pode ser considerado como causa única. Vários autores concordam que a manutenção de laços tradicionais de família e de uma sociabilidade marcada pelo patriarcalismo teriam dificultado, no Brasil do século XIX, a ocorrência de mudanças como as registradas na Europa, quando se constituíram, juntamente com a emergência da burguesia, concepções de interioridade, de individualidade, do eu (*self*), como se viu

---

[26] FRANK, Joseph. *Dostoievski*: as sementes da Revolta (1821 a 1849). São Paulo: Edusp, 1999, p. 377-378.

no Capítulo I. No lugar de uma burguesia puritana, nossas classes dominantes se constituíam baseando-se no domínio exercido sobre os escravos, sem a interferência do Estado, o que resultaria em certa indistinção entre o público e o privado, o primeiro quase que constituindo mera extensão da vida familiar.

No Brasil Imperial, com raras exceções, como o diário íntimo escrito não por uma mulher, mas pelo político e empresário José Vieira Couto de Magalhães entre os anos de 1880 e 1887,[27] esse tipo de registro teria sido raro.

No máximo, alguns registros de assento, cadernos de notas onde, além da contabilidade das empresas, o proprietário anotava acontecimentos extraordinários ou rotineiros, como o nascimento ou morte de um filho ou parente próximo, os gastos com a visita de um médico, etc.

Mas talvez não seja mesmo o caso de buscar similaridades nas fontes produzidas em contextos tão diversos. Nesse caso, parecem oportunas as observações de Celso Castro acerca do que possa ser definido como um diário. O historiador propõe, com base no argumento de que a palavra diário pode apresentar múltiplos significados, que "... a própria palavra 'diário' deve ser pensada no contexto de uma história cultural dos 'registros em si'". O que o leva a considerar que possa existir uma definição "mínima" de diário, entendido como "um contínuo que abrange desde uma simples 'agenda' de acontecimentos ao registro dos pensamentos 'íntimos' de seu autor".

É nessa perspectiva que ele aborda o que denomina o "Diário de Bernardina", mesmo que sua autora, a filha de Benjamin Constant, um dos protagonistas do processo de transição da Monarquia para a República, limite-se a anotar na capa do caderno onde escrevia a singela frase

---

[27] COUTO DE MAGALHÃES, José Vieira. *Diário íntimo*. São Paulo: Companhia das Letras, 1998. Organização de Maria Helena P. T. Machado.

"continuação das notas de 1889"[28]. Os apontamentos de Bernardina, iniciados quando a jovem andava pelos 16 anos, circunscreviam-se aos acontecimentos passados no espaço doméstico: a visita de parentes, as raras saídas para o teatro, as doenças, suas e dos mais próximos e, apenas ocasionalmente, algum registro displicente sobre algum episódio que depois pudesse se relacionar à história da Proclamação da República.

A comparação com o diário, esse sim mais próximo das noções correntes que se tem desse tipo de "escrita de si", de Helena Morley (Alice Dayrell Caldeira Brant, 1880-1970), escrito quando a autora tinha entre 13 e 15 anos, na cidade de Diamantina, Minas Gerais, também no final do século XIX e publicados pela primeira vez em 1942,[29] parece forçosa. Celso Castro, depois de ressaltar a "vivacidade" com que Helena Morley escreve suas vivências diárias, conclui que os registros, porém, aproximam-se pelo "peso das relações familiares e do destino então geralmente reservado às mulheres, circunscritas aos cuidados com o lar e a família"[30], constituindo-se em fontes para a história social das mulheres no Brasil.

Para o autor, esse tipo de fonte ganha importância quando se sobreleva o fato de que, de acordo com os dados do Censo Geral do Império de 1872, quase dois terços das mulheres brasileiras eram analfabetas,[31] fator que, sem dúvida, se soma aos demais para explicar a "inapetência"

---

[28] CASTRO, Celso. O diário da Bernardina. In: GOMES, Ângela de Castro (Org.). *Escrita de si e escrita da História*. Rio de Janeiro: FGV, 2004, p. 237.

[29] MORLEY, Helena. *Minha vida de menina*. São Paulo: Companhia das Letras, 1998.

[30] CASTRO, Celso. O diário da Bernardina. In: GOMES, Ângela de Castro (Org.). *Escrita de si e escrita da História*. Rio de Janeiro: FGV, 2004, p. 237.

[31] O fato de saberem ler não parecia entusiasmar o comerciante inglês Luccock: "estava assentado que o saber ler para elas não devia ir além do livro de rezas, pois isso lhes seria inútil". LUCCOCK, John. Notas sobre o Rio de Janeiro e as partes meridionais do Brasil (1813). Belo Horizonte: Itatiaia; São Paulo: Edusp, 1975, p. 75.

que se demonstrava em sociedades como a brasileira para a reprodução desse tipo de fonte.

Sob o nome de "Diário de lembranças", Maria Isabel de Lacerda Werneck, a viscondessa de Arcozelo, membro genuína da elite cafeeira do Rio de Janeiro, registra, a partir do ano de 1887, aos 48 anos, as mais variadas informações acerca do seu cotidiano e de sua propriedade: o batizado dos escravos, o movimento de mercadorias e pessoas, mas também sobre seus sentimentos, "todos de apreço, preocupação ou desagrado"[32].

Não importa aqui estabelecer o quanto as anotações da viscondessa se aproximam da taxonomia do gênero diário. Elas são úteis para a reconstituição dos "diferentes papéis femininos assumidos na dinâmica de uma família da aristocracia rural oitocentista", comparativamente aos outros estratos sociais. O que não significa afirmar que suas experiências, sobretudo as de tempo e espaço, também não estivessem ligadas ao âmbito doméstico, se bem que ampliado pelas lides próprias a uma unidade plantacionista e que a distanciava do mundo público frequentado pelos homens da fazenda.

O seu tempo, como se lê no seu diário, era plural e compreendia "o tempo climático, do frio e da chuva; o tempo de vida dos filhos que crescem e dos netos que nascem; o tempo da colheita do café e da garantia da riqueza; o tempo dos escravos e de suas tarefas diárias". O espaço por excelência era o doméstico "das tarefas diárias e do crescimento das crianças", e não o das cidades, com a vida *glamourosa* dos salões e onde se afirmava uma esfera de poder público[33].

---

[32] MAUD, Ana Maria; MUAZE, Mariana. A escrita da intimidade: história e memória no diário da viscondessa do Arcozelo, p. 204. In: GOMES, Ângela de Castro (Org.). *Escrita de si e escrita da História*. Rio de Janeiro: FGV, 2004, p. 202.

[33] MAUD, Ana Maria; MUAZE, Mariana. A escrita da intimidade: história e memória no diário da viscondessa do Arcozelo. p.204. In: GOMES, Ângela de Castro (Org.). *Escrita de si e escrita da História*. Rio de Janeiro: FGV, 2004, p. 204.

Códigos de conduta ou manuais de etiqueta

Surgidos a partir da sistematização do comportamento próprio das novas sociabilidades introduzidas pela sociedade de Corte, principalmente no século XVIII, quando as pulsões deveriam ser disciplinadas através do controle dos gestos e das maneiras, esse tipo de manual pareceu bastante adequado à moral vitoriana que então se afirmava, não apenas na Inglaterra, mas em vários países da Europa, ao longo do século XIX, o que explica sua ampla difusão, mesmo com a queda do *Antigo Regime*.

Diferentemente dos códigos de etiqueta que conhecemos hoje, com os quais partilha a pretensão de enquadrar os corpos e reprimir o gesto espontâneo, o que se estabelece com eles são, em boa parte, normas de higiene, lado a lado com orientações compulsórias de como proceder. A utilização dessa fonte, à semelhança do que ocorre com os tratados, sobretudo os produzidos pelos médicos (muitos deles difundidos sob a forma de manuais), requer que não se tome o discurso como norma, equívoco presente em várias obras que lançaram mão desse tipo de documentação. Em outras palavras, entre a prescrição de determinado comportamento e a sua observância na "vida real" há uma série de mediações, de comportamentos alternativos (que nem chegam a ser "desviantes" ou "transgressores", uma vez que a própria norma não se disseminou). Seu interesse para a História, particularmente a de gênero, dá-se pelo fato de que estabelece distinções claras entre o feminino e o masculino, contribuindo para a determinação do que se espera de cada sexo.

A primeira fonte dessa natureza que examinarei será o *Código do Bom-Tom: ou Regras de civilidade e de bem viver no século XIX*, citado mais de uma vez neste trabalho. A obra interessa demais ao tema aqui tratado, para que se corra o risco de, ao abordá-la de forma mais detida, esse item fique desproporcional aos demais.

Escrito pelo Cônego José Inácio Roquete, foi publicado em Portugal, pela primeira vez, em 1845. Da evidência de sua boa acolhida são prova as suas várias reedições, a maioria com acréscimos[34], algumas após a morte do autor, em 1870. Muitas delas, segundo se tem notícia, muito apreciada nas principais cidades brasileiras do Império, com destaque para a Corte no Rio de Janeiro.

Nascido em Cascais, em 1801, o Cônego Roquete possuía extensa lista de serviços prestados aos setores mais conservadores de Portugal, sendo o mais expressivo seu apoio ao movimento anticonstitucionalista encabeçado por D. Miguel, que ascendeu ao Trono Português em 1832 após um golpe sucessório, apoiado por sua mãe, Dona Carlota Joaquina. Com a queda de D. Miguel do trono (1834), Inácio Roquete irá se exilar em Paris onde, certamente, se muniu das informações necessárias à redação de seu código. Sua pretensão era a de que, através da imitação do que ocorria entre os setores mais refinados de Paris, Portugal viesse a compor o conjunto das nações civilizadas da Europa. O que não impede que muitas das regras observadas ali sejam, no manual, adaptadas à realidade portuguesa.

O tratado é concebido de forma original, uma vez que, apesar de não se tratar de obra de ficção, se constrói sobre uma ficção. Nele o "narrador" oculta-se sob a personagem de um pai prestimoso que se enviuvara recentemente, cabendo-lhe, por esse motivo, a orientação e educação dos filhos, Eugênia, de 8 anos, e Teófilo, de 10.

Em suas páginas multiplicam-se os exemplos de como eram diferentes as expectativas "da sociedade" em torno do

---

[34] Todas as informações que se referem ao Código do Bom-Tom foram extraídas de ROQUETE, José Inácio. *Código do bom-tom*: ou Regras de civilidade e de bem viver no século XIX. São Paulo: Companhia das Letras, 1997. Organização de Lilia Moritz Schwarcz.

comportamento feminino e do masculino. Nelas persiste também a milenar tendência a naturalizar as diferenças entre homens e mulheres: "... porém como nossos costumes, de acordo com a natureza, não prescrevem a vós ambos os mesmos deveres pessoais..."[35].

Valendo-se de uma lista construída com base em oposições, conhecem-se os atributos que definem os diferentes modelos de mulheres: de um lado, as levianas, as garridas, as namoradeiras, as coquetes; de outro, as sisudas, as modestas e as recatadas.

Por se tratar de um código que tem como alvo principal a conduta em reuniões sociais e no espaço público, os conselhos são dirigidos especialmente a Teófilo, cabendo a Eugênia felicitar-se de saber "preferir o estudo e a vida doméstica aos passatempos mundanos"[36]. O que não impede que muitas vezes eles sejam dados somente a Eugênia ou a ambos de uma só vez. Qualquer uma das situações favorece ao leitor o estabelecimento de relações entre os gêneros pela construção de diferentes modelos de feminino e masculino, concebidos hierarquicamente, mas sempre na relação de um com o outro.

Uma hierarquia que não impede que, mesmo em situações reputadas como desfavoráveis, efetue-se uma troca de favores que ilustra os "contrapoderes" femininos:

> [Nos bailes] Deves, meu filho, pôr-te à disposição da senhora da casa, que, sem a menor dúvida, te pedirá que tires a dançar as *abandonadas*.... Chamam-se 'abandonadas' as senhoras desfavorecidas da formosura e das riquezas. Não te digo que seja agradável

---

[35] Código do Bom-Tom foram extraídas de ROQUETE, José Inácio. *Código do bom-tom*: ou Regras de civilidade e de bem viver no século XIX. São Paulo: Companhia das Letras, 1997. Organização de Lilia Moritz Schwarcz, p. 357.

[36] Código do Bom-Tom foram extraídas de ROQUETE, José Inácio. *Código do bom-tom*: ou Regras de civilidade e de bem viver no século XIX. São Paulo: Companhia das Letras, 1997. Organização de Lilia Moritz Schwarcz, p. 131.

tomar o que os mais não querem, porém mal sabes até que ponto chega a gratidão dessas senhoras, e o que elas são capazes de dizer e fazer a teu favor em tais casos.[37]

Na fonte encontramos também exemplos de que "as práticas alimentares são, de fato, sexuadas", conforme observação de Michelle Perrot[38]. Ou deveriam ser, de acordo com as regras da boa sociedade inscritas em códigos do século XIX: "O sexo dos convidados importa muito para a escolha das iguarias e disposições da mesa". Naqueles jantares nos quais comparecessem apenas homens, os pratos deveriam ser suculentos, fortes, quentes. As carnes (de vaca, presuntos) e os vinhos, abundantes. Na impossibilidade de serem banidas as sobremesas, essas deveriam se constituir de queijos, frutas e alguns doces secos (esses últimos apenas para 'ornato da mesa')"[39].

Já em um jantar de senhoras, a preferência seria dada às massas delicadas, às natas aromatizadas de baunilha. A carne deveria se limitar aos peixes. E muitos, muitos doces e bombons de diferentes espécies, gostos e feitios. Vinhos, apenas por recomendação médica[40]. Tudo para atender a um paladar muito próximo ao infantil, numa associação que, um pouco mais tarde, será cara aos psicanalistas, uma vez que, para o homem, alcançar a vida adulta não era apenas uma questão cronológica, mas significava também o abandono do

---

[37] Código do Bom-Tom foram extraídas de ROQUETE, José Inácio. *Código do bom-tom*: ou Regras de civilidade e de bem viver no século XIX. São Paulo: Companhia das Letras, 1997. Organização de Lilia Moritz Schwarcz, p. 148.

[38] PERROT, Michelle. *Mulheres públicas*. São Paulo: UNESP, 1998, p. 41.

[39] Código do Bom-Tom foram extraídas de ROQUETE, José Inácio. *Código do bom-tom*: ou Regras de civilidade e de bem viver no século XIX. São Paulo: Companhia das Letras, 1997. Organização de Lilia Moritz Schwarcz, p.209.

[40] Código do Bom-Tom foram extraídas de ROQUETE, José Inácio. *Código do bom-tom*: ou Regras de civilidade e de bem viver no século XIX. São Paulo: Companhia das Letras, 1997. Organização de Lilia Moritz Schwarcz, p. 210.

mundo feminino que marcava a infância. A mulher, por sua vez, persistiria na menoridade até na manutenção de gostos alimentares típicos da primeira fase de vida.

Tão importante quanto conhecer o conteúdo desses manuais é buscar informações sobre sua recepção e sobre até que ponto eles nortearam o comportamento de certos setores sociais, com destaque para os das áreas urbanas. Úteis para a consecução desses objetivos parecem ser, para o Brasil, os jornais publicados à época, do qual quero destacar dois que se encontram reunidos (ainda que não a coleção completa) em duas publicações recentes. O primeiro, *O Carapuceiro*,[41] impresso, com interrupções entre 1832 e 1842 pelo padre pernambucano Miguel do Sacramento Lopes Gama (1793-1852). Vigoroso publicista, Lopes Gama atuou em mais de sete jornais ao longo de sua vida. Mas foi em *O Carapuceiro* onde mais exerceu a crítica de costumes, numa perspectiva ao mesmo tempo contestatória e conservadora, dirigindo sua crítica aos hábitos que julgava ridículos ou irracionais.

Um de seus alvos prediletos eram não apenas os modos mas também as modas adotadas pelas mulheres, ao ponto de não esconder seus preconceitos misóginos. Os quadros quase caricaturais que compunha sobre muitas mulheres de seu tempo indicam, na "contramão", que aquelas não seguiam, estritamente, as normas previstas nos manuais, fosse pelo figurino com o qual desfilavam no espaço público, fosse pela forma como estabeleciam relações com o sexo oposto.

Não seria exagerado dizer que a sátira, talvez menos preocupada com o restabelecimento de comportamentos antigos, acabava realizando uma crítica dos costumes. Nas páginas de *O Cabrião*, semanário humorístico editado por Ângelo Agostini, Américo de Campos e Antônio Manoel

---

[41] GAMA, Padre Lopes. *O carapuceiro*: crônicas de costume. São Paulo: Companhia das Letras, 1996. Oganização de Evaldo Cabral de Mello.

dos Reis, entre 1866-1867[42], são recorrentes as ilustrações, ainda que não apenas elas, onde as mulheres são objeto de deboche certamente por não se comportarem de acordo com as expectativas da sociedade da época, representando as mudanças ocorridas com sua presença nos espaços públicos.

—O passado. 2—O presente. 3—Penteado moderno. 4—Com o que se parece.
Cabrião. Semanário editado por Ângelo Agostini, Américo Campos e Antônio Manoel dos Reis, 1866-1867.

A moda.   Com que se parece.
(O *Cabrião* espera que, desta vez, as moças não se hão de zangar, pois que foi escolhida a mais bella das aves para termo de comparação.)

Por meio de caricaturas em jornais, tentava-se controlar os gestos, as modas e os modos da mulher. *O Cabrião*. Semanário editado por Ângelo Agostini, Américo Campo e Antônio Manoel Reis, 1866-1867. São Paulo, Unesp/Imprensa Oficial, 2000.

---

[42] AGOSTINI, Ângelo, CAMPOS, Américo; REIS, Manoel dos. O Cabrião. Semanário humorístico. São Paulo: Unesp/Editora Oficial do Estado, 2000. (Edição fax-similar).

Tratados e discurso médicos

A partir do século XIX, quando as práticas médicas invadem o espaço doméstico, sobretudo nas áreas urbanas, intensifica-se a produção de manuais sobre a saúde e o corpo da mulher. Essa literatura constitui-se em fonte inestimável para se entender como são construídos os modelos de feminino e masculino, ou moldados os papéis que se esperam que sejam cumpridos, separadamente, por homens e mulheres. A maioria desses tratados, manuais, prescrições, senão a totalidade, contribuiu para reforçar a oposição entre mulher/natureza e homem/cultura. Grosso modo, definiram que do conhecimento do corpo da mulher dependia a explicação para o seu comportamento, enquanto que os homens se encontravam menos dependentes de sua anatomia para guiarem suas ações. Ao realizarem essa tarefa, os especialistas encobriram, agora com o véu da ciência, que os modelos de feminino e masculino também foram social e historicamente construídos.

Utilizando-se da autoridade que a ciência conferia a seus argumentos, muitos médicos, partindo da compreensão subordinada do papel feminino, lançaram-se à tarefa de discursar sobre temas como a procriação, a maior ou menor propensão ao suicídio[43] e, o que talvez mobilizasse mais esses especialistas, o comportamento sexual que, na maioria dos casos, separavam homens e mulheres mais do que uniam.

---

[43] Na abordagem que realizou dos discursos sobre o suicídio, relacionados à questão do gênero na ótica dos especialistas internacionais do século XIX, Flávio Henrique Lopes destacou que as conclusões mais correntes eram a de que "os homens se suicidavam mais por serem mais corajosos e mais persistentes que as mulheres; por sofrerem as pressões da vida pública, ao contrário dos limites impostos pelo espaço doméstico. Assim, estabelece-se que as mulheres não teriam força necessária para o suicídio. Fracas, tornam-se loucas, não suicidas. Os homens, fortes e mais decididos, tornam-se suicidas, utilizando os meios considerados mais violentos". LOPES, Flávio Henrique. Suicídio masculino ou feminino: as atribuições de gênero. *Anais do Encontro Nacional da Anpuh*, Paraíba, 2003, p. 9.

Sobre o último assunto há uma infinidade de estudos como os escritos pelo Dr. William Acton, pelo biólogo e fisiologista H. Newell Martin, pelo médico e reformador americano William A. Alcott, e muitos outros, durante todo o século XIX. No que dizia respeito a esse tema em particular, reconhecia-se que a natureza era também fator determinante no comportamento masculino.

Um exemplo consagrado desse tipo de literatura foi o *Psicopatia sexual*, tratado escrito pelo médico Richard Freiherr von Krafft-Ebing em 1880 e que recebeu inúmeras reimpressões, no qual traça o que entendia como o papel feminino, sempre em comparação com o masculino, em relação à sexualidade. O Dr. Richard não tinha a menor dúvida de que o homem, seguindo um poderoso impulso natural, "tem uma necessidade sexual mais forte do que a mulher", sobretudo a partir de certa idade. Quando se referia diretamente à mulher, o médico estabelecia uma distinção entre as que apresentavam um desenvolvimento mental normal e que receberam boa educação daquelas que apresentavam perturbações e cuja educação fora negligenciada. No primeiro grupo, o desejo sensual era pequeno. Aliviado, o médico constatava também que o segundo grupo – até pela anormalidade –, o das mulheres que perseguiam a satisfação sexual era pequeno pois, do contrário, "o mundo inteiro seria um bordel, e o casamento e a família seriam inconcebíveis".

As mulheres, prossegue o especialista, naturalmente dóceis, por apresentarem necessidade mais espiritual, privilegiavam o amor. Nesse ponto, percebe-se clara hesitação ou, até mesmo, clara ambiguidade do especialista em considerar a mulher apenas como parte da natureza. Entre afirmações de que elas seriam "naturalmente passivas" e de que "para a mulher, dócil subordinação ao sexo oposto é um fenômeno fisiológico", ele concede, sempre de forma fatalista, que "seu destino é ao mesmo tempo biológico e social: a fêmea é passiva no processo de geração dos filhos e nas condições sociais que sempre existiram"[44].

Boa parte dos especialistas chegava a essas conclusões tomando por base a observação de suas práticas clínicas que eles presumiam isentas de qualquer noção preconcebida. Já a Dra. Clélia Duel Mosher optou por, além de basear-se em sua experiência como médica e professora de higiene pessoal da Universidade de Stanford, realizar uma pesquisa valendo-se de uma amostra selecionada de 50 mulheres a quem dirigiu, por escrito, perguntas sobre seus sentimentos e hábitos eróticos. Os resultados sistematizados da pesquisa, realizada em 1892, ficaram conhecidos como o *Relatório Mosher*.

O universo de mulheres selecionado pela Dra. Mosher não correspondia a uma amostra das mulheres americanas da época, uma vez que boa parte havia cursado o curso secundário e algumas a universidade. A maioria havia nascido por volta de 1870 (algumas até antes, no período da Guerra de Secessão). Nas considerações de um de seus analistas, o Relatório Mosher sugere que "muitas mulheres instruídas da burguesia no século XIX davam muito valor... a um relacionamento sexual que propiciasse a mesma gratificação a ambos os parceiros"[45]. Dependendo da origem social e quando ouvidas diretamente, pode ser que, mesmo não se descartando os estereótipos associados ao sexo feminino – não faltaram as que afirmassem que o sexo era algo espiritualmente superior e que a maternidade era o fim de todo o casamento –, as mulheres poderiam estabelecer um contraponto, ainda que parcial, com as visões mais correntes dos discursos produzidos pelos homens.

---

[44] As informações sobre os tratados que abordam a sexualidade oitocentista foram retiradas de GAY, Peter. *A experiência burguesa*: da rainha Vitória a Freud. A educação dos sentidos. São Paulo: Companhia das Letras, 1988, p. 117-124.

[45] As informações sobre os tratados que abordam a sexualidade oitocentista foram retiradas de GAY, Peter. *A experiência burguesa*: da rainha Vitória a Freud. A educação dos sentidos. São Paulo: Companhia das Letras, 1988, p. 108.

No Brasil, as representações de uma condição feminina, produto do discurso médico, apesar de já serem perceptíveis ao longo da segunda metade do Oitocentos, só se afirmam nos anos finais daquele século. Não faltaram aqui, à semelhança do que se observou em os países da Europa e nos Estados Unidos, o "enobrecimento" das funções do lar e da maternidade. Esses discursos tiveram como um de seus resultados práticos mais visíveis a erradicação das amas de leite, cuja existência era incompatível com as noções de higiene ministradas às boas mães de família.

De acordo com Maria Clementina Pereira da Cunha[46], em um primeiro momento, o discurso se dirige às mulheres das classes dominantes, e não aos setores populares, compostos de "proletárias, mulheres de rua, ex-escravas, lavadeiras habitantes de cortiços". O que não deixa de chamar a atenção, uma vez que a expectativa era de que o discurso normativo servisse ao controle e à submissão das mulheres dos extratos inferiores. Essas permaneceriam, ainda por um bom tempo, e pelas suas condições de vida (com destaque para a habitação coletiva, os cortiços onde muitas delas moravam) associadas a práticas imorais e anti-higiênicas: "Longe do modelo de privacidade e do bem viver que a 'boa' sociedade criava para si e cercava com barreiras higiênicas e profiláticas".

As características do passado colonial brasileiro e a perpetuação da sociedade escravista explicariam as razões pelas quais haveria a necessidade de se criar normas que primeiro se destinassem às mulheres das classes sociais privilegiadas. Dessa forma, tentava-se estabelecer a separação, desejada pelos fisiologistas, entre as sinhás e as mulatas, as negras e as rudes criadas imigrantes com as quais conviviam

---

[46] As considerações que se seguem baseiam-se em CUNHA, Maria Clementina Pereira da. De historiadoras, brasileiras e escandinavas: loucuras, folias e relações de gênero no Brasil (século XIX e início do XX). *Tempo*, Rio de Janeiro, n. 5, p. 181-215, 1988.

desde a infância e que lhes ensinaram "a sonhar, a cantar e a namorar"[47].

A referência ao nosso passado colonial evoca uma fonte que, por sua singularidade, merece, a meu ver, ser mencionada. Refiro-me ao Erário Mineral do cirurgião Luís Gomes Ferreira[48]. Produzido muito antes que os estudos sobre a prática médica fossem reunidos em manuais mais ou menos vinculados ao discurso científico que se afirmava ao longo do século XIX, o Erário Mineral interessa aqui, menos pela constatação de que as terapêuticas indicadas nos tratamentos das doenças, no decorrer de toda a 1ª metade do século XIX, estavam muito próximas daquelas adotadas no século XVIII[49]. Além disso, no nosso Erário são dedicadas passagens específicas às mulheres nas quais à preocupação central do diagnóstico e da cura das doenças se somam considerações sobre o corpo feminino e a "natureza feminina".

Luís Gomes Ferreira nasceu na Província do Douro, em Portugal, e serviu na carreira das Índias como cirurgião da frota, o que o qualificava como homem viajado, conhecedor de terras com os mais diferentes hábitos e costumes. Em 1710, vindo da Bahia, onde morou de 1707 até aquele ano, fixou-se na capitania de Minas Gerais.

Subdivida em tratados, sua obra, já bastante conhecida pelos especialistas, tendo seu valor devidamente estimado como fonte historiográfica, destaca-se pela misoginia com que trata determinados temas relacionados à mulher.

---

[47] CUNHA, Maria Clementina Pereira da. De historiadoras, brasileiras e escandinavas: loucuras, folias e relações de gênero no Brasil (século XIX e início do XX). *Tempo*, Rio de Janeiro, n. 5, p. 204, 1988.

[48] FERREIRA, Luís Gomes. *Erário Mineral*. Belo Horizonte: Fundação João Pinheiro; Rio de Janeiro: Fundação Oswaldo Cruz, 2002. Organização de Júnia Ferreira Furtado. 2 volumes.

[49] FIGUEIREDO, Betânia Gonçalves. A arte de curar: cirurgiões, médicos, boticários e curandeiros no século XIX em Minas Gerais. Rio de Janeiro: Vício de Leitura, 2002, p. 21.

Proporcional à insistência com que defendia que a realidade da Colônia exigia tratamentos específicos, consoantes com seu clima e sua população, e no caso específico de Minas Gerais, da atividade mineradora, que exigia esforços adicionais dos escravos na extração do metal dentro dos frios córregos, era o esforço que o cirurgião despendia para mostrar os efeitos maléficos do sangue menstrual.

Em um item intitulado "Curiosidades para quem carecer delas", Luís Gomes Ferreira se ocupa em responder a questão de se "o sangue menstrual é venenoso e que danos faz". Para que não reste qualquer dúvida de que a resposta é positiva, o autor reúne uma série de exemplos cada qual mais funesto: "Os panos de suas camisas, aonde ele [o sangue menstrual] chegou, ainda que se lavem *quinhentas vezes*, se usarem deles nas feridas ou chagas, as fará infeccionar e alterar, de sorte que serão muito trabalhosas de curar por causa do mesmo veneno"; no mesmo sentido, mas excedendo-se na precisão do número de lavagens, "o lençol, ou pano da camisa que uma vez fosse molhada com o sangue mensal das mulheres, ainda que se lave *mil vezes*, é tão danoso para curar feridas ou chagas que as fará assanhar e pode matar o doente que com ele se curar ou com os seus fios"[50]. Confirmava-se, assim, o interdito do sangue vinculado ao tabu da impureza e sujidade, que Jacques Le Goff investigou para a Idade Média a partir das "profissões proibidas" (entre as quais se incluía a de Luís Ferreira Gomes): açougueiros, médicos, cirurgiões, carrascos e até soldados[51]. No caso da menstruação, trata-se de sangue particularizado pela sua origem, pelo seu significado milenar e oculto.

---

[50] FERREIRA, Luís Gomes. *Erário Mineral*. Belo Horizonte: Fundação João Pinheiro; Rio de Janeiro: Fundação Oswaldo Cruz, 2002. Organização de Júnia Ferreira Furtado, p. 688, v. 2 e 444, v. 1, respectivamente. Grifo meu.

[51] LE GOFF, Jacques. Profissões lícitas e profissões ilícitas no Ocidente Medieval. *Para um novo conceito de Idade Média*: tempo, trabalho e cultura no Ocidente. Lisboa, Estampa, 1979, p. 86.

O tema é tão importante que o cirurgião dedica um capítulo inteiro a ele. Somos informados, então, que os malefícios do sangue menstrual não se limitam a comprometer os panos que poderia servir de ataduras: as plantas tocadas pela mulher "com fluxo" secarão de imediato, jamais voltando a crescer; os cães que se alimentarem do mênstruo ficarão danados, o mesmo ocorrendo aos homens que o fizerem, por malícia ou erro.

Os incríveis danos não se limitavam aos seres vivos e até os espelhos nos quais uma mulher nessa fase se mirasse ficariam manchados e "sem luzimento". Numa demonstração de como o era pouco conhecido o funcionamento da reprodução humana, o cirurgião adverte que "toda a mulher que, andando prenhe e lhe vier o mênstruo, a criança que parir nunca será forte; e toda a que lhe não baixarem os meses, não emprenhará"[52].

Numa referência clara às diferenças de gênero (ou aos desdobramentos dessa diferença), Luís Gomes Ferreira recomenda que o único remédio para reverter o estado do vinho que se azedou ou do azeite que se turvou em razão da presença muito próxima de uma mulher menstruada era "urinar-lhe dentro qualquer homem, que logo ficará como de antes, e é experiência certa".

Aos convalescentes, além de bons caldos, prescrevia a estrita abstinência em relação às mulheres de vida airada. De acordo com Maria Odila Leite Dias, a misoginia do cirurgião encontrava campo fértil em razão das características demográficas das Minas Gerais da 1ª metade do século XVIII, onde era absoluto o predomínio de homens e poucas as mulheres brancas[53].

---

[52] FERREIRA, Luís Gomes. *Erário Mineral*. Belo Horizonte: Fundação João Pinheiro; Rio de Janeiro: Fundação Oswaldo Cruz, 2002. Organização de Júnia Ferreira Furtado, p. 688, v. 2.

[53] Sertões do Rio das Velhas e das Gerais: vida social numa frente de povoamento – 1710 – 1733. Maria Odila Leite da Silva Dias. In: FERREIRA, Luís Gomes. *Erário Mineral*. Belo Horizonte: Fundação João Pinheiro; Rio de Janeiro: Fundação Oswaldo Cruz, 2002. Organização de Júnia Ferreira Furtado, p. 88, v. 1.

Tais concepções, expressas de maneira direta, não impediam que o cirurgião se dedicasse ao tratamento de suas pacientes com a mesma atenção que fazia com os homens. Luís Ferreira demonstrava clara preocupação com as práticas abortivas, sobre as quais discorre, chegando a apontar aquelas que seriam mais eficazes para "tratar barriga inchada por falta de conjunção mensal e provocar regras", para surpresa de alguns analistas contemporâneos[54]. O que às vezes se desconhece é que, à época em que, o cirurgião exercia suas funções, o aborto era, se não permitido, ao menos tolerado, até pela própria Igreja. Isso porque considerava que a alma só passava a existir no feto feminino oitenta dias após a concepção e no masculino depois de quarenta dias. Antes disso, a alma ainda não havia "entrado"[55].

Apenas a consulta a várias outras fontes poderá indicar até que ponto essas ideias eram disseminadas entre a população colonial em geral ou eram compartilhadas apenas por um grupo mais restrito de pessoas, que se interessava pelas anotações "teóricas" do cirurgião. Da mesma forma, resta ainda por revelar o quanto esse tipo de discurso influenciou nas práticas e representações sobre o feminino no século XIX e, até mesmo, em períodos posteriores, como vem realizando vários historiadores das mulheres.

Fontes oficiais

Sob o risco de uma generalização excessiva, podemos afirmar que as fontes oficiais são aquelas geradas nas esferas

---

[54] COELHO, Ronaldo Simões. O Erário Mineral divertido e curioso. In: FERREIRA, Luís Gomes. *Erário Mineral*. Belo Horizonte: Fundação João Pinheiro; Rio de Janeiro: Fundação Oswaldo Cruz, 2002. Organização de Júnia Ferreira Furtado, p. 166-167, v. 1.

[55] PEDRO, Joana Maria. Tabu centenário. *Nossa História*, Rio de Janeiro, Biblioteca Nacional, n. 17, ano 2, março de 2005, p. 21.

de poder público, seja no âmbito do Estado, seja no da Igreja. A produção historiográfica, partindo do princípio de que o campo de ação em que as mulheres atuaram se restringia ao espaço privado, doméstico, como se vem insistindo, durante algum tempo não se prestou a devida atenção às potencialidades desse tipo de registro para a reconstituição da história das mulheres nem de gênero. Nesse ponto, talvez tenha que se destacar os estudos demográficos como pioneiros nessas abordagens, ainda que pesem sobre muitos deles a crítica de terem assimilado a história das mulheres à da família; ou as pesquisas voltadas para a história social, que, desde cedo, se mostraram atentas às possibilidades abertas pela documentação produzida pelo poder público (estatal ou não), com destaque para os registros judiciários.

Afirmar as possibilidades desse conjunto documental para a elaboração da história das mulheres, principalmente pelo reconhecimento de que mesmo as fontes consideradas "tradicionais", quando submetidas a novas leituras, a questões originais, podem, da mesma forma que a documentação privada, lançar luz sobre os universos femininos, abre um conjunto de possibilidades que vem sendo explorado de forma alargada pela historiografia. Em decorrência disso, as escolhas que tive que fazer neste item, em razão da extensão do objeto, foram mais complexas porque mais restritivas e corresponderam, mais uma vez, a escolhas e critérios baseados em minha experiência profissional.

FONTES CIVIS E ECLESIÁSTICAS

O fato de que no Brasil, como em vários países da Europa, Igreja e Estado encontrarem-se unidos durante boa parte de sua história (no caso do nosso país até a Proclamação da República) levou a que os registros de casamento, nascimento e óbitos fossem feitos pela Igreja. Na América Portuguesa, o próprio processo de colonização, efetuado pela "cruz e pela espada", reforçava os poderes da Igreja católica em franca união com a Coroa portuguesa, consolidada por uma instituição conhecida como o *Padroado Régio*. Através dele, ao mesmo tempo em que o Estado metropolitano remunerava os integrantes do clero e intervinha na indicação das autoridades eclesiásticas, a Igreja instituía seus instrumentos de controle sobre a população, mediante a instauração de devassas eclesiásticas, do controle sobre as confissões, entre muitos outros mecanismos.

Baseando-se na documentação gerada pelas devassas eclesiásticas, instauradas pela Igreja para apurar os crimes contra a religião, por exemplo, foi possível reconstituir vários aspectos da vida em família, das relações extraconjugais, das práticas de feitiçaria, dos processos de divórcio que muito contribuíram para o avanço da história das mulheres. Fontes que, ao mesmo tempo em que permitem "auscultar as vozes femininas" em suas "vidas corriqueiras, absolutamente ordinárias", devem ser tratadas com a máxima cautela, em razão de terem sido "ouvidas à luz dos constrangimentos impostos pelas práticas de poder que orientam tal e qual interrogatório"[56].

O mesmo impulso se fez sentir pela sistematização das fontes seriadas representadas pelos registros de batismo, de casamento e de óbitos, como também dos chamados róis de confessado (que registravam todos os fiéis que haviam recebido o sacramento da comunhão por ocasião da quaresma) para a história da família e, dentro dela, das mulheres. Elas permitiram, e não apenas no Brasil, que se conhecesse a dinâmica dos arranjos familiares e de como são recentes as noções de família baseada apenas na consanguinidade.

---

[56] PRIORE, Mary Del. História das mulheres: as vozes do silêncio. In: FREITAS, Marcos Cezar de (Org.). *Historiografia brasileira em perspectiva*. São Paulo: Contexto, 1998, p. 227.

As conclusões dessa historiografia, para a realidade brasileira, ainda que não possam se generalizadas, apontam para a existência de lares encabeçados por mulheres sustentando que o modelo de família extensa (onde coabitavam, sob um mesmo teto, parentes de diversas gerações) se circunscrevia a uma realidade muito restrita de regiões do Nordeste brasileiro.

Constatada a vastidão desses conjuntos documentais, que ensejaram grande número de pesquisas, optei por tratar, mais uma vez a título de exemplo, com duas entre as muitas fontes oficiais depositadas em cartórios, quais sejam, os testamentos e os processos crime. As informações neles contidas, juntamente com os inventários, as ações de liberdade e tantas outras, vêm contribuindo para a compreensão da história das mulheres e de gênero no Brasil.

TESTAMENTOS

Em se tratando da história do Brasil, essa fonte apresenta um duplo significado, no que diz respeito às suas potencialidades para a história das mulheres. De um lado, em razão das nossas origens ibéricas, as mulheres aqui tiveram direito à sua parte na herança de pais e maridos desde os primórdios da colonização, situação que só se observa na maioria dos países da Europa central apenas após as revoluções burguesas, quando então desaparece o direito de primogenitura (quando o filho mais velho é quem herdava) em benefício de uma igualdade perante a herança.

Essa realidade teria facultado certa autonomia à parcela das mulheres que dispunham de bens, tanto quando se tornavam viúvas e se colocavam à frente da administração das propriedades da família, quanto diante do casamento, pela possibilidade de anteciparem sua parte na herança através do dote: "Com o dote, foi possível verificar que, muitas vezes, as filhas foram privilegiadas no recebimento da herança familiar, em detrimento dos filhos, que aguardavam as respectivas legítimas na divisão do monte"[57].

O outro significado que a utilização dos testamentos tem revelado para a abordagem da história das mulheres diz respeito à possibilidade que um grupo de mulheres demonstrou de acumular pecúlio ao longo da vida, a ponto de constituírem fortunas nem de longe desprezíveis. E o mais interessante é que, se logo acima se destacou o direito das mulheres à herança como a reprodução de um traço ibérico no Brasil, no caso da acumulação do pecúlio cada vez mais se vem estabelecendo que tal fato possuía relações estreitas com a história da África.

Sheila de Castro Faria, em estudo realizado sobre as negras forras de Campos (RJ), para os anos de 1707-1812, e de São João Del Rei (MG), entre 1730-1839, e apoiando-se nos trabalhos de Eduardo França Paiva, demonstrou como as mulheres escravizadas do grupo étnico mina reproduziram, nas condições de cativeiro, não apenas as divisões de trabalho prevalecentes no continente africano, baseadas essencialmente no critério de gênero, mas também as relações familiares do continente de origem. No caso dessas mulheres, o testamento se mostrou como fonte essencial, uma vez que a exigência de abertura de inventários não era obrigatório quando morriam pessoas sem herdeiros diretos, como acontecia com grande parte delas.

Depois de destacar que as negras mina se sobressaíam nas atividades comerciais, o que lhes permitia o acúmulo de um pecúlio suficiente não apenas para a compra da alforria como também para a aquisição de bens e escravos, Sheila

---

[57] SAMARA, Eni de Mesquita. O discurso e a construção da identidade de gênero na América Latina. In: SAMARA, Eni de Mesquita; SOIHET, Rachel; MATOS, Maria Izilda S de. *Gênero em debate*: trajetória e perspectiva na historiografia contemporânea. São Paulo: Educ, 1997, p. 31.

de Castro destaca que essa habilidade tinha sua origem na divisão do trabalho por sexo na Costa Ocidental (o que explicaria, até, o porquê de o mesmo desempenho não ter se repetido no conjunto de escravas provenientes da região Congo-angolana): "A constituição das unidades domésticas e os tipos de investimentos das mulheres forras mostraram-se extremamente uniformes, o que reforça meus argumentos de que as raízes das opções das mulheres forras localizavam-se além do Brasil"[58].

Dispondo dos recursos ganhos por seu "próprio trabalho e indústria", essas mulheres tendiam a reproduzir, no Brasil escravista, os arranjos familiares também predominantes naquela região, onde a poliginia (em que um homem era casado simultaneamente com várias mulheres) havia criado lares com características bem peculiares, composto pelas esposas que habitavam casas separadas e que abrigavam aquelas mulheres que, inelegíveis para o casamento pela falta de dote, inclusive, passavam a constituir sua família.

Tal situação explicaria a opção, uma vez no Brasil e tendo conhecido as condições de cativeiro, de as forras de origem mina manterem-se solteiras, adquirirem preferencialmente escravas em relação às quais não só assumia a prole, como também contemplavam em seus testamentos, tornando palpável a perspectiva de serem alforriadas e reiniciarem o "ciclo".

O fascinante de toda essa reconstituição é que ela não apenas mostra como as relações de gênero interferiam mesmo nas condições desfavoráveis de cativeiro (até porque essas mulheres se alforriavam em bem maior número do que os escravos), como também que a história dos "contrapoderes"

---

[58] FARIA, Sheila de Castro. Sinhás pretas: acumulação de pecúlio e transmissão de bens de mulheres forras nos sudeste escravista (sécs. XVIII e XIX). In: SILVA, Francisco Carlos Teixeira da, MATTOS, Hebe Maria; FRAGOSO, João (Orgs.). *Escritos sobre História e Educação*. Homenagem a Maria Yedda Leite Linhares. Rio de Janeiro: Mauad/Faperj, 2001, p. 292.

das mulheres não se limitaram à mera resistência mas à construção de espaços de autonomia e de definição do próprio destino, mesmo em condições adversas.

Processos crime

Uma das fontes das mais utilizadas pela historiografia que, sobretudo em finais da década de 1980, se ocupou em caracterizar o tipo de relações que se estabeleceram entre senhores e escravos no Brasil colonial e imperial, os processos crime têm revelado suas possibilidades também para o estudo das relações de gênero, principalmente quando se referem a crimes passionais.

Seguindo a linha inaugurada por trabalhos como *Meninas perdidas*, de Marta Abreu, que aborda os conflitos entre a realidade e a norma do comportamento sexual estabelecida por médicos e juristas, comparativamente aos valores compartilhados pelos segmentos populares em suas relações amorosas, Magali Gouveia Engel, através da análise de processos de homicídio entre homens e mulheres ocorridos em Campinas entre 1952 e 1972, propõe-se a analisar o universo da crimes passionais para o Rio de Janeiro entre 1890 e 1930.

Entre suas fontes, encontram-se, além dos processos criminais cujos réus foram acusados de assassinar, ou tentar assassinar, seus companheiros, notícias sobre crimes passionais publicados nos jornais cariocas, teses médicas, dentre outras. Com base nelas, Magali Engel esboça um perfil dos conflitos que envolviam relações amorosas e/ou sexuais, ocorridos naquela cidade, preocupando-se em analisar os resultados e os julgamentos narrados nas fontes judiciais. O último procedimento permitiu-lhe concluir que nem sempre os juristas decidiam com base em um único modelo de comportamento, ainda que fossem dominantes as associações entre "mulher e dona de casa e homem provedor e bom trabalhador".

A preocupação da autora em enfocar o tema não com base na história das mulheres, mas, sim, numa perspectiva de gênero, faz com que o trabalho contribua para que se compreenda a "multiplicidade de padrões socioculturais que informava as relações homem-mulher disseminadas na sociedade"[59].

CENSOS

Das imensas possibilidades contidas nas fontes censitárias (elas próprias de natureza variada), por exemplo, buscar perceber as alterações na prática antroponímica (escolha de nomes próprios e adoção de sobrenomes) ao longo do tempo para descobrir como os estudos nessa área têm revelado que o estoque de nomes disponíveis para as mulheres, ao longo da época moderna, era menor do que o dos homens; ou os níveis de alfabetização de determinada população, permitindo as diferenciações entre os gêneros, entre muitos outros temas identificáveis a uma história menos convencional, optei por considerá-las a partir do que elas revelam sobre ocupações, profissões e a participação das mulheres na força de trabalho.

Trabalhando com as listas nominativas de habitantes de Minas Gerais de 1832-33 e 1839-40, produto de uma das primeiras tentativas mais sistemáticas das autoridades mineiras de contarem a população da província, Clotilde Andrade Paiva faz uma observação interessante sobre as ocupações femininas que se encontram subrepresentadas nessas fontes[60]. Isso se deve ao fato de os "recenseadores", de antemão, associarem as mulheres ao trabalho doméstico (entendido como as tarefas de limpeza, de alimentação e

---

[59] ENGEL, Magali Gouveia. *Paixão, crime e relações de gênero* (Rio de Janeiro, 1890-1930). Topoi, Rio de Janeiro, n. 1, p. 154.

[60] PAIVA, Clotilde Andrade. *População e economia nas Minas Gerais do século XIX*. São Paulo: FFLCH: USP. 1996. Tese de doutorado.

cuidados com a família), mesmo que o que se conheça hoje sobre a realidade da economia da região aponte para o papel destacado que as mulheres desempenhavam não apenas nas atividades agrícolas e, mais importante ainda, no trabalho de fiação e tecelagem, significativa fonte de renda, como também em manufaturas localizadas fora do espaço da casa, ainda que predominassem aquelas feitas dentro dos domicílios. Nesse caso, portanto, os sub-registros apontam muito mais os preconceitos dos responsáveis pelo levantamento à época do que o confinamento das mulheres às atividades essencialmente domésticas.

A mesma observação cabe à realidade de vários países da Europa, nos quais, "no século XIX, o trabalho das

Mesmo o exercício de tarefas domésticas poderia significar alguma fonte de renda para as mulheres quando desempenhadas para terceiros. A lavagem de roupa encontrava-se entre as principais delas. Teixeira da Rocha. *A lavadeira*, s/d. Óleo sobre tela. Teixeira da Rocha. *O Brasil do século XIX na Coleção Fadel*. Rio de Janeiro: Edições Fadel, 2004, p. 197.

mulheres agricultoras ou camponesas é constantemente subestimado, dado que apenas é referido a profissão do chefe de família", o que significa dizer que "a relação dos sexos imprime a sua marca nas fontes históricas e condiciona a sua desigual densidade"[61].

A situação se verificaria particularmente na Inglaterra na época em que os primeiros sensos foram realizados. É o que revela Bridiget Hill, que, levando em conta os preconceitos de muitos realizadores das pesquisas, alerta que devemos confiar neles (os censos) "até certo ponto", para estabelecermos como as ocupações das mulheres mudaram ao longo do tempo, a proporção de mulheres que trabalhavam no país, a estrutura etária desse força de trabalho, o estado civil dessas mulheres, entre muitos outros aspectos.

Naquele país, a partir de 1841, os censos ocupacionais passaram a se basear em critérios definidos pela economia clássica que considerava que apenas o trabalho remunerado deveria ser registrado. O resultado disso foi que a divisão do trabalho se inseriu "permanentemente" no censo, contribuindo para que se consolidasse uma identidade entre ocupação e trabalho masculino. No caso desses levantamentos, "o lugar" de onde falavam seu organizadores e realizadores contava e muito uma vez que eram homens "que tinham certas hipóteses sobre a posição das mulheres na sociedade"[62]. A hipótese prevalecente, a de que apenas o trabalho remunerado era o que contava, levou ao sub-registro do trabalho feminino.

No mesmo sentido, a própria descrição de emprego utilizada nos formulários, "trabalhador agrícola", "comerciante", "alfaiate", já pressupunha o indivíduo do sexo masculino.

Outro exemplo do cuidado que se deve ter ao se utilizar as fontes de natureza censitária para o estudo da ocupação feminina é fornecido pelo cotejo entre dois levantamentos

---

[61] DUBY, Georges; PERROT, Michelle (Orgs.). Escrever a história das mulheres. *História das mulheres no Ocidente*. Lisboa: Afrontamento, 1991, p. 7.

[62] HIIL, Bridget. Para onde vai a história da mulher? História da mulher e história social – juntas ou separadas? *Varia Historia*, Belo Horizonte, n. 14, set./95, p. 54.

realizados no Brasil, com o intervalo de 18 anos. A comparação entre os dados do Censo Geral do Império, de 1872, e o realizado em 1920 indica que a participação feminina na força de trabalho caiu de forma abrupta dos 54,8% registrados no Império para 9,7% verificados já na Primeira República. Os dados, porém, encobrem o fato de que não foram registradas, em 1920, as mulheres que trabalhavam meio horário, ou irregularmente, assim como as trabalhadoras não remuneradas dentro das empresas familiares[63] ou as que faziam trabalhos como costureiras de forma "terceirizada" em suas residências para as fábricas de vestuário. Com o que não se quer afirmar que uma das qualidades de tais fontes não seja justamente a possibilidade de se estabelecer comparações entre diferentes contextos.

Literatura de viagem

O termo "viajante estrangeiro" estabeleceu-se praticamente como uma categoria histórica. Se a princípio esteve associado àqueles que deixavam seus países em busca do exotismo, do particular, em geral naturalistas ou mineralogistas, principalmente nas terras tropicais, e os nomes que nos vem à lembrança, em geral, são os de Saint-Hilaire e de Spix e Martius, esse passou a designar também aqueles estrangeiros que vinham a serviço dos governos dos países anfitriões para o desempenho de funções públicas, em geral voltadas para o levantamento das potencialidades econômicas, sobretudo as extrativas, ou para gerenciar atividades de transformação desses mesmos minerais, destacando-se figuras como o Barão de Eschwege.

Havia até mesmo aqueles que, apesar de não se furtarem de viajar pelo território, vinham como representantes diplomáticos de seus países, como no caso de Richard Burton;

---

[63] HIIL, Bridget. Para onde vai a história da mulher? História da mulher e história social – juntas ou separadas? *Varia Historia*, Belo Horizonte, n. 14, set./95, p. 60.

outros que, ainda que observadores argutos, se deslocavam até o Brasil para cuidar de seus negócios ligados ao comércio, com destaque para o também inglês John Luccock. Não obstante tanta diversidade acabaram por se abrigar sob o termo "viajante estrangeiro".

Outro grupo, também de viajantes estrangeiros, mas particularizado pelo sexo dos que o compunha, foi o constituído pelas mulheres de outras nações que aqui estiveram e que deixaram registros de sua passagem, seja sob a forma de diário, seja de memórias. Apesar da diversidade de suas origens sociais e dos motivos que as teriam levado a se aventurar em travessias tão incertas, elas se incluíam entre aquelas mulheres sobre as quais nos fala Michelle Perrot que, durante o século XIX, "movem-se mais do que se pensa. Elas viajam e (às vezes) exploram. O mundo muda, modificam-se as fronteiras, também entre os sexos"[64].

De uns e de outras, e interessada na visão estrangeira sobre as mulheres do Brasil, ocupou-se, de forma pioneira, Miriam Moreira Leite em seu trabalho *A condição feminina no Rio de Janeiro*[65]. Concebido em um momento em que a categoria gênero ainda não se consolidara nos estudos sobre as mulheres, nem por isso a autora deixa de demonstrar seu interesse pelos aspectos relacionais entre os sexos, essenciais à abordagem das fontes sobre a história das mulheres, como se observa no capítulo dedicado às cenas de rua, cerimônias e festas, temas escolhidos por possibilitarem "confrontar o comportamento da mulher com o do homem"[66].

No mesmo capítulo se fazem presentes os desafios colocados pela história social ao campo da história das mulheres,

---

[64] PERROT, Michelle. *Mulheres públicas*. São Paulo: UNESP, 1998, p. 86.

[65] LEITE, Miriam Moreira. A condição feminina no Rio de Janeiro. São Paulo: Hucitec; Brasília: INL, 1984.

[66] LEITE, Miriam Moreira. A condição feminina no Rio de Janeiro. São Paulo: Hucitec; Brasília: INL, 1984, p.141.

quando a autora prossegue afirmando que um dos objetivos perseguidos foi o de "ter acesso às diversas mulheres que habitavam o Rio de Janeiro (branca, preta, mulata ou estrangeira), aos papéis desempenhados e à diversidade da participação social nos diferentes tipos de intervalos do cotidiano". Assim, mesmo que a autora não rompa definitivamente com categorias como "condição feminina", ainda utilizadas nas diversas passagens em que reproduz o olhar dos viajantes de ambos os sexos sobre as mulheres das mais diversas categorias sociais, sobretudo do Brasil Imperial, sua contribuição segue sendo inestimável e antecipa, na historiografia brasileira, as mudanças que se fazem sentir com o desenvolvimento da História de Gênero e das mulheres.

Precedidos de textos introdutórios, as passagens da literatura de viagem selecionadas por Miriam Moreira Leite tratam das visões dos "viajantes" sobre as relações familiares, as formas mais amplas de parentesco e de convívio, as sociabilidades (festas, passeios, visitas, cerimônias, teatro) e, com maior destaque, das diversas ocupações femininas, desde as amas de leite até aquelas (poucas) que desempenhavam profissões liberais, tendo como tela de fundo a sociedade escravista do Brasil, ainda que alguns depoimentos datem de períodos imediatamente após a Abolição da Escravidão.

Entre seus viajantes, além do merecido destaque dado ao francês Charles Expilly, que chegou no Brasil em meados de 1853 e dedicou um de seus livros, considerado "escandaloso", à abordagem do tema das mulheres brasileiras, como se vê pelo título "Mulheres e costumes do Brasil[67], estão presentes três mulheres que tiveram suas obras recentemente reeditadas e que fornecem informações importantes, ainda que desiguais, sobre o Brasil. Entre elas, a mais conhecida é a inglesa Maria Graham (1785-1842), que, na opinião de seus

---

[67] EXPILLY, Charles. *Mulheres e costumes do Brasil.* Belo Horizonte: Itatiaia, 2000.

contemporâneos, escrevia em um estilo "leve e animado". Uma evidência de que não se deixava abater pelas duras condições em que se viajava à época é a notícia de que, entrando na baía de Todos os Santos em Salvador, no ano de 1824, se divertia com seus companheiros de bordo especulando em qual daquelas ilhas havia vivido o personagem de ficção Robson Crusoé.... Pintora, desenhista, escritora e historiadora, Maria Graham trabalhou como preceptora da princesa D. Maria da Glória, filha de D. Pedro I.

A outra – e lembro que não foi a única – é a baronesa E. de Langsdorff, com o relato de sua viagem ao Brasil, escrito sob a forma de diário, quando de sua estada no País entre 1842 e 1843. Esposa do barão Émile de Langsdorff (e não do naturalista alemão Georg Heinrich Langsdorff), a baronesa, sobre a qual são escassas as informações, nasceu na França e, de acordo com Miriam Moreira Leite no prefácio ao *Diário*, revelava "elegância de pensamento e riqueza de informações"[68]. Por fim, *Uma colônia no Brasil*, de Madame van Langendonck, na verdade um livro de memórias escrito de forma romanceada. A autora, que também era poeta e escritora com várias obras publicadas, nasceu na Bélgica, em 1798. Viajou para o Brasil em 1857 em busca das "florestas do Rio Grande do Sul", de onde retorna em 1859. Decorridos quatro anos, porém, volta ao Brasil, onde deixara filhos e netos, falecendo em 1875.[69]

Sugestivas são as diferentes considerações das autoras estrangeiras sobre a escravidão no Brasil, com destaque para as mulheres escravas. Apesar de condenarem a instituição,

---

[68] LANGSDORFF, E. de. *Diário da Baronesa de Langsdorf relatando sua viagem ao Brasil por ocasião do casamento de S. A. R. o Príncipe de Joinville*: 1842-1843. Florianópolis: Ed. Mulheres; Santa Cruz do Sul: EDUNISC, 2000, p. 14.

[69] LANGENDONCK, Madame van. *Uma colônia no Brasil*. Florianópolis: Ed. Mulheres; Santa Cruz do Sul: EDUNISC, 2002.

elas não deixavam de emitir opiniões preconceituosas sobre africanos e seus descendentes, escravizados ou não.

Aliás, preconceitos não faltaram entre os estrangeiros que se dedicaram a registrar sua passagem no Brasil, fossem do sexo feminino, fossem do masculino, sobretudo quando escreviam sobre as mulheres, em relação às quais muitas vezes não hesitavam em fazer generalizações indevidas. O que nos faz atentar para o tipo de crítica interna específica que essa fonte requer. A começar pela constatação de que eles, muitas vezes, mostravam dificuldades em compreender os significados culturais que não eram próprios da sua cultura, como observa Manuela Carneiro da Cunha, atribuindo sentido a coisas que não entendiam e que acabavam se transformando em ajuizamentos prévios.

O que não impede que se reconheça, porém, que, exatamente por não estarem inseridos no contexto cultural desses países, acabavam por dar relevo a aspectos do cotidiano, do trivial que não mereceriam qualquer comentário dos habitantes da terra. Além disso, quando o assunto eram as questões de higiene, domesticação e disciplina, dispunham de um olhar privilegiado capaz de ressaltar o "contraste entre seus países de origem na Europa e os países visitados"[70].

---

[70] CUNHA, Maria Clementina Pereira da. De historiadoras, brasileiras e escandinavas: loucuras, folias e relações de gênero no Brasil (século XIX e início do XX). *Tempo*, Rio de Janeiro, n. 5, 1988, p. 181-215.

Considerações finais

Um balanço do caminho percorrido pela história das mulheres e de gênero desde sua emergência, em finais da década de 1960 até os dias atuais, sugere os desafios a ser enfrentados pelos estudiosos do tema em um momento em que profundas transformações afetam a produção historiográfica. A começar pela necessidade de que aqueles estudos concretos, formulados a partir de ampla base empírica, sejam organizados com vistas a se formularem sínteses com maior poder de explicação, sem que, contudo, em nome da abrangência, se desconheçam as descontinuidades que marcam esse campo de estudo que abriga experiências sociais radicalmente distintas. Outro desafio parte do reconhecimento de que, ao avanço das pesquisas sobre a história das mulheres, não correspondeu o mesmo esforço no sentido de estabelecer as relações entre as experiências femininas e o universo masculino, compreendidas ambas em suas múltiplas pluralidades.

Não menos importante, e não obstante os esforços feitos nessa direção por boa parte dos estudiosos, ainda não parecem definitivamente superadas as visões essencialistas (e muitas vezes naturalizadas) sobre as mulheres conquanto sujeitos históricos, da mesma forma em que os questionamentos de que a produção do conhecimento histórico se assentara até muito recentemente sobre a falsa noção de um sujeito que só era universal (o homem branco), porque as relações de poder assim o definiram, não foram suficientemente exploradas a ponto de suscitarem completa reorientação das abordagens históricas.

Se o desvendamento das relações de gênero foram de suma importância para o entendimento da história da família, da sexualidade, da infância, resta agora – e não são poucas as iniciativas nesse sentido – introduzir essas relações na história política, econômica e militar, campos considerados até então como impermeáveis ao reconhecimento da atuação da mulher, assim como a religião.

Sobre esse último assunto, cabe mencionar, novamente, a importante iniciativa levada a efeito pela psicanalista e crítica literária Julia Kristeva e pela antropóloga Catherine Clément, que, entre novembro de 1996 e setembro de 1997, mantiveram animada correspondência, o que resultou num encontro fecundo entre a Antropologia e a História, a Psicanálise e a Literatura, o gênero e a história das mulheres. A troca de cartas foi a forma que as consagradas autoras elegeram para a realização de um projeto que talvez fosse adiado para um futuro incerto dadas as dificuldades de se encontrarem para realizar algo "presencial" a quatro mãos.

Kristeva e Clément travaram um debate cujo ponto de partida resumia-se à questão de que se haveria uma vivência particular do sagrado, entendido como a relação do humano com a divindade, não subordinado ao religioso com seus ritos e regras, determinada pelo gênero. Em termos gerais, a questão formulada pelas autoras era a de que o sagrado seria um território próprio ao feminino – ideia inversa àquela sugerida pela própria palavra *femina* composta de *fides* e *minus*, o que quer dizer "fé de menos" – ainda que a noção de "feminino" não se confinasse, estritamente, a um único gênero. Apesar de responderem afirmativamente à questão, as autoras não o fizeram pelos mesmos motivos. Não seria o caso de desenvolver a longa argumentação sustentada pelas autoras, o que exigiria um trabalho à parte. Vale destacar, porém, as formulações apresentadas no texto que introduz a publicação das cartas:

> Nelas, Clément e Kristeva se indagavam sobre o lugar das mulheres nessa história que se conta a partir do nascimento de Jesus, quais são suas chances dois mil anos depois dele? E o feminino no judaísmo, no budismo, no confucionismo, no taoísmo, no islamismo, nas religiões animistas da África e de outros lugares? Como são reconhecidas ou ignoradas, que futuro têm, que perspectivas? Se as mulheres, como acreditamos, vão despertar no próximo milênio, qual pode ser o sentido profundo desse despertar, dessa civilização?[1]

Questões inquietantes, que a história das mulheres, de gênero e a nova dinâmica dos movimentos feministas têm contribuído para refletir. Da capacidade de suas respostas, certamente depende o encaminhamento das complexas questões multiculturais que se acentuam no século XXI, reatualizando o potencial essencialmente político e, porque não, subversivo, como insistem várias autoras que se dedicaram a esse campo do conhecimento, da história das mulheres e de gênero.

---

[1] KRISTEVA, Julia; CLÉMENT, Catherine. *O feminino e o sagrado*. Rio de Janeiro: Rocco, 2001, p. 8.

REFERÊNCIAS

AGOSTINI, Ângelo; CAMPOS, Américo; REIS, Manoel dos. *O Cabrião. Semanário humorístico.* São Paulo: Unesp/Editora Oficial do Estado, 2000. (Edição fax-similar).

ÁLVAREZ-URIA, Fernando; VARELA, Júlia. Sociologia do gênero: alguns modelos de análises. *Fragmentos de Cultura*, v. 13, n. 3. Goiânia: IFITEG, 2003, p. 509-522.

AZEVEDO, Francisca L. Nogueira de. *Carlota Joaquina na Corte do Brasil.* Rio de Janeiro: Civilização Brasileira, 2004.

BEAUVOIR, Simone de. *O segundo sexo.* Rio de Janeiro: Nova Fronteira, 1980, v. 2.

BELLINI, Lígia. *A coisa obscura*: mulher, sodomia e inquisição no Brasil colonial. São Paulo: Brasiliense, 1987.

BESSA, Suzan K. Crimes passionais. A campanha contra os assassinatos de mulheres no Brasil:1910-1940. In: A mulher e o espaço público. *Revista Brasileira de História*. v. 9, n. 18. São Paulo: Marco Zero, 1989.

BLANCO, Esmeralda Luiz. *O trabalho da mulher e do menor na indústria paulistana* (1890-1920). Petrópolis: Vozes, 1982.

CAMPOS, Alzira L. de Arruda. *O casamento e a família em São Paulo Colonial*: caminhos e descaminhos. Tese (Doutorado em História), Faculdade de Filosofia, Letras e Ciências Humanas, Universidade de São Paulo. São Paulo, 1986.

CAULFIELD, Sueann. *Em defesa da honra*: moralidade, modernidade e nação no Rio de Janeiro (1918-1940). Campinas: Unicamp, 2000.

CERTEAU, Michel de. *A invenção do cotidiano:* artes de fazer. Petropólis: Vozes, 1994.

CHAUÍ, Marilena. Sobre o medo. In: CARDOSO, Sérgio... et al. *Os sentidos da Paixão.* São Paulo: Companhia das Letras, 1987, p. 38.

CLÉMENT, Catherine; KRISTEVA, Julia. *O feminino e o sagrado.* Rio de Janeiro: Rocco, 2001.

COSTA, Albertina Oliveira. A volta ao lar segundo Betty Friedan. Novos Estudos CEBRAP, São Paulo, v. 2, p.20, jul./83.

COSTA, Raquel R. L. Domingues. Divórcio e anulação de matrimônio em São Paulo colonial. Tese (Metrado em História), Faculdade de Filosofia, Letras e Ciências Humanas, Universidade de São Paulo. São Paulo, 1986.

COSTA, Suely Gomes. Gênero e história. In: ABREU, Martha; SOIHET, Rachel. *Ensino de História*. Conceitos, temáticas e metodologia. Rio de Janeiro: Casa da Palavra, 2003. Parte IV: Gênero.

COUTO DE MAGALHÃES, José Vieira. *Diário íntimo*. São Paulo: Companhia das Letras, 1998. Organização de Maria Helena P. T. Machado.

CUNHA, Maria Clementina Pereira da. De historiadoras, brasileiras e escandinavas: loucuras, folias e relações de gênero no Brasil (século XIX e início do XX). *Tempo*, Rio de Janeiro, n. 5, 1988.

DIAS, Maria Odila Leite da Silva. *Cotidiano e poder em São Paulo no século XIX*. São Paulo: Brasiliense, 1984.

Dicionário Mulheres do Brasil, Rio de Janeiro: Zahar, 2000.

DUBY, Georges; PERROT, Michelle (Orgs.). Escrever a história das mulheres. *História das mulheres no Ocidente*. Lisboa: Afrontamento, 1991, p. 13-14.

ENGEL, Magali Gouveia. *Meretrizes e doutores*: saber médico e prostituição no Rio de Janeiro (1840-1890). São Paulo: Brasiliense, 1989.

ENGEL, Magali Gouveia. Paixão, crime e relações de gênero (Rio de Janeiro, 1890-1930). *Topoi*, Rio de Janeiro, n. 1, p. 153-177, set. de 2000.

ESTEVES, Martha de Abreu. *Meninas perdidas*. Rio de Janeiro: Paz e Terra, 1989.

EXPILLY, Charles. *Mulheres e costumes do Brasil*. Belo Horizonte: Itatiaia, 2000.

FERREIRA, Luís Gomes. *Erário Mineral*. Belo Horizonte: Fundação João Pinheiro; Rio de Janeiro: Fundação Oswaldo Cruz, 2002. Organização de Júnia Ferreira Furtado. 2 volumes.

FIGUEIREDO, Betânia Gonçalves. *A arte de curar*: cirurgiões, médicos, boticários e curandeiros no século XIX em Minas Gerais. Rio de Janeiro: Vício de Leitura, 2002.

FIGUEIREDO, Luciano R. A. *O avesso da memória*: cotidiano e trabalho da mulher em Minas Gerais no século XVIII. Brasília: Edunb; Rio de Janeiro: José Olympio. 1993.

FRAISSE, Geneviève; PERROT, Michelle. Introdução: ordens e liberdades. In: DUBY, Georgs; PERROT, Michelle (organizadores). *História das mulheres no Ocidente*. Porto: Afrontamento, 1991, p. 10-11.

FRANÇA, Antônio O. Pinto de (Org.). Cartas baianas, 1822-1824. São Paulo: Companhia Editora Nacional, 1980.

FRANK, Joseph. *Dostoievski*: os efeitos da libertação (1860 a 1865). São Paulo: Edusp, 2002.

FRIEDAN, Betty. *A segunda etapa*. Rio de Janeiro: Francisco Alves, 1983.

FURTADO, Júnia Ferreira. *Chica da Silva e o contratador de diamantes*. São Paulo: Companhia das Letras, 2003.

FURTADO, Júnia Ferreira. Família e relações de gênero no Tejuco: o caso de Chica da Silva. *Varia Historia*, Belo Horizonte, n, 24, Jan./2001.

GAMA, Padre Lopes. *O carapuceiro*: crônicas de costume. São Paulo: Companhia das Letras, 1996. Oganização de Evaldo Cabral de Mello.

GAY, Peter. *Freud:* uma vida para o nosso tempo. São Paulo: Companhia das Letras, 1989.

GAY, Peter. *A experiência burguesa*: da rainha Vitória a Freud. A educação dos sentidos. São Paulo: Companhia das Letras, 1988.

GEERTZ. Clifford. *A interpretação das culturas*. Rio de Janeiro: LTC, 1998.

GOLDSCMIDT, Eliana M. Rea. *Casamentos mistos de escravos em São Paulo colonial*. (Dissertação de Mestrado em História), Faculdade de Filosofia, Letras e Ciências Humanas, Universidade de São Paulo. São Paulo, 1986.

GOMES, Angela de Castro. (Org.). *Escrita de si e escrita da história*. Rio de Janeiro: Editora da FGV, 2004.

GONÇALVES, Andréa Lisly. *As margens da liberdade*: práticas de alforrias em Minas Gerais colonial e imperial. Tese (Doutorado em História), Faculdade de Filosofia, Letras e Ciências Humanas, Universidade de São Paulo. São Paulo, 2000.

GUARINELO, Luiz Norberto. História científica, história contemporânea e história cotidiana. *Revista Brasileira de História*, São Paulo, v. 24, n. 48, 2005.

HEILBORN, Maria Luiza; SORJ, Bila. Estudos de gênero no Brasil. In: MICELI, Sergio. O que ler na ciência social brasileira (1970-1995). Sociologia, volume II. São Paulo: Ed. Sumaré/Anpocs; Brasília, Capes, 1999.

HILL, Bridget. Mulheres, trabalho e o censo: um problema para a história da mulher. *Varia Historia*, Belo Horizonte, n. 14, p. 49-66, set./1995.

HILL, Bridget. Para onde vai a história da mulher? História da mulher e história social: juntas ou separadas? *Varia Historia*, Belo Horizonte, n. 14, p. 9-21, set./1995.

HUFTON, Olwen. Mulheres/homens: uma questão subversiva. In: BOUTIER, Jean; JULIA, Dominique (Orgs.). *Passados recompostos*: campos e canteiros da história. Rio de Janeiro: UFRJ, 1998. p. 243-250.

KLINGER, Nair. *Família, mulher e gênero*. Considerações introdutórias à vista da historiografia. São Paulo: CEDHAL/USP, 1996.

KOFES, Suely. Categorias analítica e empírica: gênero e mulher: disjunções, conjunções e mediações. *Cadernos Pagu*. De trajetórias e sentimentos. Núcleo de Estudos de Gênero/Unicamp, Campinas, SP, n. 1, 1993, p. 19-30.

LANGENDONCK, Madame van. *Uma colônia no Brasil*. Florianópolis: Ed. Mulheres; Santa Cruz do Sul: EDUNISC, 2002.

LANGSDORFF, E. de. *Diário da Baronesa de Langsdorf relatando sua viagem ao Brasil por ocasião do casamento de S. A. R. o Príncipe de Joinville*: 1842-1843. Florianópolis: Ed. Mulheres; Santa Cruz do Sul: EDUNISC, 2000, p. 14.

LE GOFF, Jacques. Profissões lícitas e profissões ilícitas no Ocidente Medieval. *Para um novo conceito de Idade Média*: tempo, trabalho e cultura no Ocidente. Lisboa, Estampa, 1979.

LEITE, Miriam Moreira (Org.). *A condição feminina no Rio de Janeiro*, século XIX. São Paulo: Hucitec; Brasília: INL, 1984.

LIMA, Lana Lage da G. *A confissão pelo avesso*: o crime de solicitação no Brasil colonial. Tese (Doutorado em História), Faculdade de Filosofia, Letras e Ciências Humanas, Universidade de São Paulo. São Paulo, 1990.

LOBO, Elisabeth Souza. *A classe operária tem dois sexos*: trabalho, dominação e resistência. São Paulo: Brasiliense, 1991.

LOPES, Flávio Henrique. Suicídio masculino ou feminino: as atribuições de gênero. *Anais do Encontro Nacional da Anpuh*, Paraíba, 2003.

LUCCOCK, John. Notas sobre o Rio de Janeiro e as partes meridionais do Brasil (1813). Belo Horizonte: Itatiaia; São Paulo: Edusp, 1975.

MALERBA, Jurandir. Algumas histórias da vida privada de determinadas classes sociais em certas regiões do Brasil. *Tempo*, Rio de Janeiro, n. 6.

MATOS, Maria Izilda S. de. *Por uma história da mulher*. Bauru: Edusc, 2000.

MATOS, Maria Izilda S. de. Discutindo masculinidade e subjetividade nos embalos do samba-canção. *Gênero*. Revista do Núcleo Transdisciplinar de estudos de gênero. NUTEG. 2º semestre de 2001, v. 2, n. 1. p. 73-86.

MENDES DE ALMEIDA, Ângela. *O gosto do pecado* (casamento e sexualidade nos manuais de confessores dos séculos XVI e XVII). Rio de Janeiro: Rocco, 1992.

MONTEIRO, Beatriz Moreira. Da prisão cor-de-rosa aos arquivos: fontes documentais sobre a mulher no Arquivo Nacional. *Acervo*. Revista do Arquivo Nacional. v. 9, n. 1/2, p. 203-24, Jan/Dez. 1996.

MORLEY, Helena. *Minha vida de menina*. São Paulo: Companhia das Letras, 1998.

MUZART, Zahidé Lupinacci (Org.). *Escritoras brasileiras do século XIX*: antologia. Florianópolis: Editora Mulheres. Santa Cruz do Sul: EDUNISC, 1999.

NIZZA DA SILVA, Maria Beatriz. *Sistema de casamento no Brasil colonial*. São Paulo: T. A. Queiroz/Edusp, 1984.

NOVAIS, Fernando A. (Coord.); ALENCASTRO, Luiz Felipe de (Org.). *História da vida privada no Brasil*. Império: a corte e a modernidade nacional. São Paulo: Companhia das Letras, 1997.

O BRASIL do século XIX na Coleção Fadel. Rio de Janeiro: Edições Fadel, 2004.

PAIVA, Clotilde Andrade. *População e economia nas Minas Gerais do século XIX*. São Paulo: FFLCH: USP. 1996. Tese de doutorado.

PAIVA, Eduardo França. *Escravidão e universo cultural na colônia;* Minas Gerais, 1716-1789. Belo Horizonte: Ed. da UFMG, 2001.

PAIVA, Eduardo França. *Escravos e libertos nas Minas Gerais do século XVIII;* estratégias de resistência através dos testamentos. São Paulo: Anablume, 1995.

PAIVA, Eduardo França. *História e imagens*. Belo Horizonte: Autêntica, 2002.

PEDRO, Joana Maria. *Mulheres honestas e mulheres faladas*: uma questão de classe. Florianópolis: Ed. da UFSC, 1994.

PEDRO, Joana Maria. Tabu centenário. *Nossa História*, Rio de Janeiro, Biblioteca Nacional, n. 17, ano 2, março de 2005.

PENA, Maria Valéria Juno. Mulheres e trabalhadoras: presença feminina na constituição do sistema fabril. São Paulo: Paz e Terra, 1981.

PESAVENTO, Sandra Jatahy. *História e História cultural*. Belo Horizonte: Autêntica, 2003.

PERROT, Michelle. *Mulheres públicas*. São Paulo: Editora UNESP, 1998.

PERROT, Michelle. Os operários, a moradia e a cidade no século XIX. In: *Os excluídos da história: operários, mulheres, prisioneiros*. Rio de Janeiro, Paz e Terra, 1988.

PERROT, Michelle. As mulheres e os silêncios da História. Bauru: Edusc, 2005.

PORTER, Roy. História do corpo. In: BURKE, Peter. (Org.) *A escrita da História:* novas perspectivas. São Paulo: Unesp, 1992.

PRIORE, Mary Del (Org.). *História das mulheres no Brasil*. 5. ed. São Paulo: Contexto, 2001.

PRIORE, Mary Del (Org.). *Ao sul do corpo*; condição feminina, maternidades e mentalidades no Brasil colônia. Rio de Janeiro/Brasília: José Olympio/Edunb, 1993.

PRIORE, Mary Del (Org.). História das mulheres: as vozes do silêncio. In: FREITAS, Marcos Cezar de (Org.). *Historiografia brasileira em perspectiva*. São Paulo: Contexto, 1998.

QUEIROS, Eça de. *A correspondência de Fradique Mendes*. Porto Alegre: L&PM, 2001, p. 126.

RAGO, Margareth. *Do cabaré ao lar*: a utopia da cidade disciplinar (1890-1930). Rio de Janeiro: Paz e Terra, 1985.

RAGO, Margareth. Descobrindo historicamente o gênero. *Cadernos Pagu* (11), Núcleo de Estudos de Gênero/Unicamp, Campinas, SP, 1998, p. 89-98.

ROQUETE, José Inácio. *Código do bom-tom*: ou Regras de civilidade e de bem viver no século XIX. São Paulo: Companhia das Letras, 1997. Organização de Lilia Moritz Schwarcz.

SAMARA, Eni de Mesquita; SOIHET, Rachel; MATOS, Maria Izilda S. de. *Gênero em debate*: trajetória e perspectivas na historiografia contemporânea. São Paulo: Educ, 1997.

SAMARA, Eni de Mesquita (Coord.). *História das populações, família e relações de gênero*. São Paulo: CEDHAL/USP. Série Pós Graduação, 1997.

SAMARA, Eni de Mesquita. *O discurso e a construção da identidade de gênero na América Latina*. São Paulo: CEDHAL/USP. Série Cursos e Eventos, 1996.

SAMARA, Eni de Mesquita (Org.). *Família e gênero no Brasil:* reflexões acerca da loucura, casamento e adultério. São Paulo: CEDHAL/USP. Série Cursos e Eventos, 1996.

SAMARA, Eni de Mesquita. *As mulheres, o poder e a família* – São Paulo, séc. XIX. São Paulo: Marco Zero/SESC, 1989.

SCHAMA, Simon. Cidadãos: uma crônica da Revolução Francesa. São Paulo: Companhia das Letras, 1989.

SCOTT, Joan. História das mulheres. In: BURKE, Peter. (Org.) *A escrita da história:* novas perspectivas. São Paulo: Unesp, 1992.

SILVA, Maria Beatriz Nizza da. A história da mulher no Brasil: tendências e perspectivas. *Revista do IEB*, São Paulo, v. 27, p. 75-91, 1987.

SILVA, Francisco Carlos Teixeira da, MATTOS, Hebe Maria; FRAGOSO, João (Orgs.). *Escritos sobre História e Educação*. Homenagem a Maria Yedda Leite Linhares. Rio de Janeiro: Mauad/Faperj, 2001.

SMÍTH, Bonnie G. *Gênero e História*: homens, mulheres e a prática histórica. São Paulo: Edusc, 2003.

SOIHET, Rachel. *Condição feminina e formas de violência*: mulheres pobres e ordem urbana, 1890-1920. Rio de Janeiro: Forense, 1989.

SOIHET, Rachel. Mulheres em busca de novos espaços: suas implicações nas relações de gênero. In: *Gênero*. Revista do Núcleo Transdisciplinar de estudos de gênero. NUTEG. 2º semestre de 2000, v. 1, n. 1. p. 53-56.

SOIHET, Rachel. Mulheres em busca de novos espaços e relações de gênero. *Acervo*. Revista do Arquivo Nacional. v. 9, n. 1/2, p. 99-124, Jan/Dez. 1996.

SOARES, Rosana M. A; COSTA, Suely Gomes (Trad.). A história das mulheres. Cultura e poder das mulheres: ensaio de historiografia. *Gênero*. Revista do Núcleo Transdisciplinar de Estudos de Gênero. NUTEG. 2º semestre de 2001, v. 2, n. 1. p. 7-30.

TOSCANO, Moema; GOLDENBERG, Mirian. *A revolução das mulheres*. Um balanço do feminismo no Brasil. Rio de Janeiro: Ed. Revan, 1992.

VAINFAS, Ronaldo. *Os trópicos dos pecados*: moral, sexualidade e imagens femininas. Rio de Janeiro: Campus, 1986.

VAINFAS, Ronaldo. *História e sexualidade no Brasil*. Rio de Janeiro: Graal, 1986.

VIEZZER, Moema. Se me deixam falar. Entrevista com Domitila Barrios de Chungara. SP: Símbolo, 1979.

WOOLF, Vírginia. *Kew Gardens*. O status intelectual da mulher. Um toque feminino na ficção. Profissões de mulheres. São Paulo: Paz e Terra, 1996. (Coleção Leitura).

WOOLF, Vírginia. *Um teto todo seu*. Rio de Janeiro: Nova Fronteira, 1985.

OUTROS TÍTULOS DA COLEÇÃO
História &... Reflexões

História & Audiovisual

Autor: Rafael Rosa Hagemeyer

Décimo quinto volume da coleção História &... Reflexões, esta obra apresenta uma síntese das principais discussões sobre a relação entre os registros audiovisuais – cinema, animação, videogames, clipes, etc. – e a história. O autor revela aqui a importância do audiovisual para a formação e apreensão da história, e alerta aos historiadores que a função que lhes cabe, embora não apenas a eles, é fazer a sociedade imaginar a história, seja com palavras apenas, seja com palavras acompanhadas de imagens e sons. Para tanto, discute os problemas e fundamenta a legitimidade do audiovisual como fonte ou objeto de pesquisa historiográfica, além de revelar ao leitor a história dos audiovisuais, o desenvolvimento de suas técnicas e linguagens e o que é apresentado nessas ferramentas, traçando um paralelo entre a veracidade do registro e o poder evocativo das simulações audiovisuais e a história.

História & Documento e metodologia de pesquisa

Autoras: Eni de Mesquita Samara e Ismênia S. Silveira T.Tupy

"Este livro tem por objetivo explicitar melhor uma etapa essencial aos estudos históricos: a relação entre o historiador e a sua principal ferramenta de trabalho, o documento histórico. Para tanto, procura resgatar, ao longo do tempo, as mudanças que ocorreram no uso das fontes, bem como a ampliação do conceito de documento histórico nas últimas décadas. Recupera, ainda, de forma didática, os grandes núcleos documentais e a sua tipologia, distinguindo, dentro dela, as possibilidades de análises quantitativas e/ou qualitativas das fontes. E, finalmente, procura ajudar pesquisadores, professores, alunos de graduação e de áreas afins, e os demais interessados no estudo da História, a fazer a crítica documental e a criar formas adequadas de sistematização das informações obtidas".

História & Ensino de História

Autora: Thais Nivia de Lima e Fonseca

Este livro propõe uma reflexão sobre a trajetória do ensino de História ao longo do tempo, no Brasil, e sobre as suas múltiplas faces, expressão da complexidade que o envolve desde que a História tornou-se uma disciplina escolar. Partindo de uma discussão metodológica sobre a história das disciplinas escolares, o texto caminha para a exploração sobre a história do ensino de História na Europa e nas Américas, verticalizando o olhar sobre esse ensino no Brasil desde o século XIX.

História & Fotografia

Autora: Maria Eliza Linhares Borges

A fotografia cria um profissional da imagem e inaugura não apenas uma nova estética, como também um novo tipo de olhar. Sua invenção muito tem a ver com uma sociedade cada vez mais laica, veloz, tecnológica e globalizada, na qual as pessoas convivem a um só tempo com o medo do anonimato, com a necessidade de preservar o presente, com a incerteza sobre o futuro e a esperança de construção de um mundo bem-sucedido. É sob essa perspectiva que este livro se propõe a analisar as relações entre a história-conhecimento e a fotografia. Para tal, buscou-se privilegiar as questões teórico-metodológicas relativas ao uso da imagem fotográfica na pesquisa e no ensino da História.

História & História Cultural

Autor: Sandra Jatahy Pesavento

Este livro aborda uma das principais posturas hoje trabalhadas, no âmbito da História, senão aquela que agrega a maior parte das publicações e pesquisas na atualidade. Analisa os antecedentes e os precurssores dessa postura, para discutir, a seguir, seus principais fundamentos epistemológicos, seu método de trabalho, correntes e campos temáticos, a diversidade de suas fontes, enfocando ainda sua ampla difusão e os novos parceiros que se apresentam para os historiadores, finalizando com algumas considerações sobre os riscos que tal postura enfrenta.

História & Imagens

Autor: Eduardo França Paiva

Eduardo Paiva traz-nos, neste livro, uma temática importante para os nossos dias: a imagem. A história se faz com fontes, e a imagem é uma fonte que oferece beleza e profusão de detalhes do passado; contribui também para o melhor entendimento das formas pelas quais, no passado, as pessoas representaram sua vida e se apropriaram da memória, individual e coletivamente. Imagens são, e de maneira não necessariamente explícita, plenas de representações do vivenciado e do visto e também do sentido, do imaginado, do sonhado, do projetado. Essas figurações de memória integram a base de formação e de sustentação do imaginário social, com o qual, queiramos ou não, convivemos cotidianamente.

História & Livro e Leitura

Autor: André Belo

O livro de André Belo conduz-nos através de um campo em que são inúmeras as produções sobre a história do livro e da leitura, nas quais se cruzam, entre outras, a teoria da literatura, a literatura comparada, a sociologia da leitura, a história das ideias, a história da educação. Ler em um livro a história do livro faz-nos entrar no debate atual e incessante sobre o seu futuro: resistirá o livro à internet e aos apelos da leitura fragmentada e distanciada? O que podemos aprender com os livros de nossos antepassados que, sem cessar, nos interpelam através de imagens no cinema, em pinturas ou em outros livros? Como terá sido quando Gutenberg criou a imprensa e o mundo tornou-se menor e já – talvez um pouco – globalizado?

História & Modernismo
Autora: Monica Pimenta Velloso

Em História & Modernismo, Monica Velloso expõe o movimento modernista para além de seu contexto literário, apresentando as amplas relações entre literatura e música, artes plásticas e imprensa – seja no contexto das revistas, dos cronistas, seja no contexto do trabalho dos caricaturistas, defendido no Brasil pelo crítico de arte Gonzaga Duque e na França por Baudelaire. A autora analisa o contexto político do modernismo, que fez repensar conceitos de toda a sociedade, e ainda trata de aspectos menos conhecidos, como a tentativa de integração social, sobretudo a aproximação da cultura erudita com a cultura popular. Numa visão anticanônica do movimento, o examina não apenas a partir de São Paulo, mas também do Rio de Janeiro, de Minas Gerais e Pernambuco, contemplando também o contexto latino-americano.

História & Música – *História cultural da música popular*
Autor: Marcos Napolitano

Marcos Napolitano, apoiado em sólidas bases teóricas, faz uma análise histórica das diversas vertentes musicais e culturais que construíram a música popular brasileira, em suas diversas formas, gêneros e estilos. Este livro realça o fato de que o Brasil é, sem dúvida, uma das grandes usinas sonoras do planeta e um lugar privilegiado não apenas para *ouvir* música, mas também para *pensar* a música, já que ela tem sido a intérprete de dilemas nacionais e veículo de utopias sociais. A música, sobretudo a chamada "música popular", ocupa o lugar das mediações, fusões, encontros de diversas etnias, classes e regiões que formam o nosso grande mosaico nacional. A partir de uma mirada local, é possível pensar ou repensar o mapa mundi da música ocidental.

História & Natureza

Autora: Regina Horta Duarte

Este livro aborda um dos temas mais importantes e polêmicos de nossa contemporaneidade – a questão ambiental – valendo-se de uma perspectiva histórica das relações entre as sociedades humanas e o meio natural. Escrito com a preocupação de dialogar com um público mais amplo do que o pertencente aos meios acadêmicos e, portanto, buscando formas de expressão mais simples, não abdica, entretanto, da intenção de construir uma análise densa e atenta à complexidade das questões envolvidas, recusando perspectivas simplificadoras.

História & Religião

Autor: Sérgio da Mata

Sérgio da Mata mostra a complexidade dos fenômenos religiosos e a dificuldade que enfrenta o historiador das religiões: de um lado se tem a atitude que o autor chama de "certeza incondicional afirmadora", e, de outro, a "certeza incondicional negadora" – atitudes de que ele procura se esquivar neste livro. Para tanto, o autor opta pela mesma cautela do sábio grego Simônides, quando se referiu ao problema da religião: "Quanto mais penso sobre esta questão, mais obscura ela se torna". Uma atitude interpretativa que se quer simultaneamente crítica e desapaixonada ante a religião. História & Religião traz ao final uma "Pequena morfologia histórica da religião" que, afastando-se de conceitos tão problemáticos como "superstição" e "fanatismo", busca situar os historiadores no já secular debate sobre as crenças, práticas e instituições religiosas.

História & Sociologia

Autor: Flávio Saliba Cunha

"Bem ou mal, Sociologia e História sempre se apropriaram dos esforços particulares uma da outra. A primeira incorporando as múltiplas interpretações dos historiadores sobre a vida política, social e econômica no passado; a segunda se utilizando de métodos e conceitos esboçados pela Sociologia. Acontece que o sociólogo, ao tentar preencher eventuais lacunas historiográficas em termos de explicações estruturais, arrisca-se a fazer má história, enquanto o historiador que recorre ao instrumental sociológico para sanar tais lacunas pode revelar-se mau sociólogo, entre outras razões, por incorporar conceitos imprecisos, tais como o de estrutura. Se admitimos que História e Sociologia são disciplinas complementares e interdependentes, mas que ambas enfrentam crises de ordem epistemológica que dificultam o diálogo entre elas, resta-nos lembrar que a superação desses problemas se afigura como condição indispensável ao desempenho solidário de suas respectivas funções, como diria Durkheim."

História & Turismo Cultural

Autor: José Newton Coelho Menezes

Segundo o autor, a possibilidade de integração interdisciplinar na produção do entendimento das culturas exige um esforço reflexivo para que não se produzam teorias e conceitos que reforcem a dicotomia entre vivência e legado histórico. O patrimônio é vivo, e é necessário adiantar que é impossível colocá-lo na prateleira expositiva de nossa memória, como a colecionar lembranças curiosas, a despeito de esse procedimento ser mais fácil e usual. Material ou imaterial, as construções culturais são parte de um uníssono de experiências históricas, vivificadas de forma integrada, portanto, dinâmicas no tempo.

História, Região e Globalização

Autor: Afonso de Alencastro Graça Filho

Neste livro, Afonso de Alencastro Graça Filho se dedica à discussão sobre região e história regional por meio de múltiplas proposições historiográficas, contemplando a rica relação entre geografia e história. Partindo do entendimento de que o espaço é construído pelas preocupações que orientam o trabalho do historiador e que nenhuma delimitação se impõe, a princípio, de forma natural, o autor mostra que a coerência do recorte espacial precisa estar em sintonia com o objeto da pesquisa. Para isso, apresenta, nesta publicação, as propostas teóricas e metodológicas da micro-história e da história regional. Trazendo a discussão para a contemporaneidade, o livro aborda as características tensões regionais e da globalização, evidenciando a relação conflituosa entre a assimilação cultural e o respeito à alteridade. Multidisciplinar, este debate que se constrói é um convite à apreciação de uma abordagem eclética das dimensões regionais na história e na atualidade.

Este livro foi composto com tipografia Times New Roman e impresso em papel Off Set 75 g/m² na Formato Artes Gráficas.